BESTACTIVITYBOOKS.COM

PRIMEIRA EDIÇÃO - 2022

Ilustración gráfica adicional: www.freepik.com
Graças a Alekksall, Starline, Pch.vector, Rawpixel.com, Vectorpocket, Dgim-studio, Upklyak, Macrovector, Stockgiu, Pikisuperstar & Freepik.com Designers

5 DICAS PARA COMEÇAR

1) CÓMO RESOLVER LAS SOPA DE LETRAS

Os puzzles têm um formato clássico:

- As palavras estão escondidas sem espaços ou hífenes,...
- Orientação: As palavras podem ser escritas para a frente, para trás, para cima, para baixo ou na diagonal (podem ser invertidas).
- As palavras podem sobrepor-se ou intersectar-se.

2) APRENDIZAGEM ACTIVA

Ao lado de cada palavra há um espaço para anotar a tradução. Para encorajar a aprendizagem activa, um **DICIONÁRIO** no final desta edição permitir-lhe-á verificar e expandir os seus conhecimentos. Procure e anote as traduções, encontre-as no puzzle e adicione-as ao seu vocabulário!

3) MARCAR AS PALAVRAS

Pode inventar o seu próprio sistema de marcação - talvez já use um? Pode também, por exemplo, marcar palavras difíceis de encontrar com uma cruz, palavras favoritas com uma estrela, palavras novas com um triângulo, palavras raras com um diamante, e assim por diante.

4) ESTRUTURANDO A APRENDIZAGEM

Esta edição oferece um **CADERNO DE NOTAS** prático no final do livro. Nas férias, em viagem ou em casa, pode facilmente organizar os seus novos conhecimentos sem a necessidade de um segundo caderno!

5) JÁ TERMINOU TODAS AS GRELHAS?

Nas últimas páginas deste livro, na secção **DESAFIO FINAL**, encontrará um jogo gratuito!

Rápido e fácil! Consulte a nossa colecção de livros de actividades para o seu próximo momento de diversão e **aprendizagem**, a apenas um clique de distância!

Encontre o seu próximo desafio em:

BestActivityBooks.com/MeuProximoLivro

Aos vossos lugares, preparem-se...Vão!

Sabia que existem cerca de 7.000 línguas diferentes no mundo? As palavras são preciosas.

Adoramos línguas e temos trabalhado arduamente para criar livros da mais alta qualidade para si. Os nossos ingredientes?

Uma selecção de tópicos adequados à aprendizagem, três boas porções de entretenimento, e depois acrescentamos uma colherada de palavras difíceis e uma pitada de palavras raras. Servimo-los com amor e máximo divertimento, para que possa resolver os melhores jogos de palavras e se divirta a aprender!

A sua opinião é essencial. Pode participar activamente no sucesso deste livro, deixando-nos um comentário. Gostaríamos de saber o que mais lhe agradou nesta edição.

Aqui está um link rápido para a sua página de encomendas:

BestBooksActivity.com/Avaliacoes50

Obrigado pela vossa ajuda e divirtam-se!

A Equipa Inteira

1 - Dirigindo

म	भ	ल	य	उ	च	ठ	स	◌ी	ऊ	थ	श	र	श	त	प
ए	ख	फ	म	ट	भ	त	ट	ल	ण	ह	ल	ढ	स	ल	◌ै
ट	ब	म	ड	भ	ण	ठ	ट	ग	◌ै	स	ल	◌ि	◌ु	प	द
च	च	द	ञ	ठ	त	प	श	ञ	ठ	म	ल	म	भ	न	ल
ढ	ग	ज	न	क	◌्	श	◌ा	म	ष	◌ो	क	द	य	ह	य
द	◌ु	र	◌्	घ	ट	न	◌ा	य	ष	ट	◌ि	क	श	व	◌ा
ञ	ग	◌े	ढ	न	ध	ध	ल	फ	◌ा	र	इ	स	◌ा	◌ि	त
श	ख	◌ै	आ	ल	प	◌ं	◌ा	ह	क	त	स	ल	आ	र	◌्
न	श	ग	ण	श	ऊ	ई	इ	ग	◌्	ऊ	◌ा	ख	फ	प	र
स	◌ा	व	ध	◌ा	न	◌ी	स	श	र	प	र	य	घ	फ	◌ी
ट	न	ह	आ	य	छ	थ	◌े	म	◌ु	आ	ट	ग	◌ा	य	य
स	ल	उ	थ	उ	ग	र	◌ं	◌ु	स	भ	◌ो	द	उ	त	ख
ढ	ड	ग	भ	ए	ञ	ल	स	ख	श	ग	म	फ	व	ठ	त
उ	उ	◌़	व	त	च	व	आ	ऊ	ध	म	ट	आ	ट	प	र
ए	ष	म	क	र	◌े	◌्	ब	व	उ	ण	घ	ढ	न	फ	◌ा
ब	म	ह	छ	ऊ	व	ठ	उ	ह	र	इ	स	ध	इ	ढ	स

दुर्घटना
कार
ईंधन
सावधानी
सड़क
ब्रेक
गैरेज
गैस
लाइसेंस
नक्शा
मोटरसाइकिल
मोटर
पैदल यात्री
खतरा
पुलिस
गली
सुरक्षा
परिवहन
यातायात
सुरंग

2 - Antiguidades

स	ए	ग	थ	प	ञ	फ	घ	ध	ड	न	उ	न	उ	आ	ड
स	र	ढ	च	प	घ	र	त	म	व	ह	आ	इ	प	र	श
◌ु	स	ग	क	◌े	क	◌्	◌ि	स	ग	ल	य	उ	ए	श	ण
र	ज	य	र	ह	य	न	◌्	म	◌ा	◌ा	स	अ	र	ल	त
◌ु	◌ा	ष	व	◌्	म	◌ी	ल	◌ा	क	त	◌ि	र	◌्	◌ू	म
च	व	ख	ण	द	म	च	ख	द	◌ी	ब	ह	◌ा	ल	◌ी	इ
◌ि	ट	च	ड	म	◌ी	र	द	स	म	म	म	श	त	प	छ
प	◌ी	क	ल	ग	ल	घ	द	व	त	ऊ	स	व	◌ै	य	घ
◌ू	ञ	ल	म	प	◌ा	भ	प	उ	◌ा	ध	द	◌े	ध	ल	ल
र	ण	◌ा	म	न	◌ी	भ	◌ु	ध	त	भ	◌ी	◌ि	ल	◌्	◌ी
◌्	थ	ख	ध	थ	न	ए	र	ठ	◌्	व	ढ	न	व	◌ू	उ
ण	ग	ग	◌ै	ल	र	◌ी	◌ा	ड	व	ऊ	र	ल	च	म	ञ
ट	ढ	भ	न	व	ठ	द	न	त	ण	र	श	ठ	ग	व	च
म	ढ	ग	ड	य	छ	ल	◌ा	त	◌ु	ऊ	ए	स	ट	ध	इ
व	◌ि	श	◌्	व	स	न	◌ी	य	ग	ऊ	र	त	फ	त	न
ब	ब	ग	ऊ	भ	आ	फ	ठ	ष	द	ल	ढ	ग	ब	ष	द

कला
विश्वसनीय
सजावटी
सुरुचिपूर्ण
सरगर्म
मूर्तिकला
शैली
गैलरी
असामान्य
निवेश
मद
नीलामी
फर्नीचर
सिक्के
कीमत
गुणवत्ता
बहाली
सदी
मूल्य
पुराना

3 - Churrascos

इ	ण	ञ	फ	न	च	आ	स	घ	फ	ठ	च	ल	उ	च	स
प	ल	र	◌ि	◌्	ग	घ	प	◌ं	म	ष	◌ा	आ	छ	ट	ल
ट	श	आ	त	च	◌ि	क	न	इ	ग	च	क	म	न	न	◌ा
प	म	स	ब	◌्	ज	◌ि	य	◌ा	◌ं	◌ी	◌ू	ण	भ	◌ी	द
र	ग	◌ा	ट	थ	म	र	ग	ब	द	ड	त	भ	◌ू	ख	आ
◌ि	र	च	ट	ए	र	◌ं	र	ग	◌ो	फ	भ	थ	इ	इ	ग
व	◌्	भ	श	र	ध	ठ	◌ि	ढ	प	फ	ब	च	◌्	च	◌े
◌ा	म	म	ब	ह	आ	ञ	श	न	ह	ल	न	र	इ	य	द
र	◌ी	ख	ल	ण	थ	प	ध	◌ा	र	◌े	इ	◌्	ञ	आ	म
ह	न	भ	ण	ख	घ	थ	उ	ख	क	ख	ट	◌ि	भ	श	ड
थ	ल	ग	य	ऊ	ह	आ	ए	◌ा	◌ा	इ	ख	म	ष	द	ड
ढ	ड	भ	ट	थ	ड	प	ब	क	भ	आ	व	व	इ	ष	ड
र	छ	द	य	आ	र	ट	म	◌ा	◌ो	आ	ठ	ऊ	र	ड	प
स	फ	ध	ख	म	स	घ	इ	त	ज	व	य	य	स	ञ	ढ
ट	ध	ऊ	उ	न	य	ख	द	◌ा	न	ल	व	र	श	भ	श
ह	ऊ	प	ष	ञ	ञ	भ	ग	र	ञ	ढ	य	व	म	ख	श

दोपहर का भोजन
निमंत्रण
बच्चे
चाकू
परिवार
भूख
चिकन
फल
ग्रिल
रात का खाना

खेल
सब्जियां
चटनी
संगीत
मिर्च
गरम
नमक
सलाद
टमाटर
गर्मी

4 - Pesca

स	◌ा	ग	र	य	न	ष	व	छ	ठ	स	ग	ण	ढ	ए	र
त	ल	ठ	घ	र	◌ा	◌ा	च	ज	ध	ढ	आ	य	फ	त	स
ब	प	◌ं	ख	◌्	व	श	ग	ग	न	छ	य	ण	ग	ष	◌ो
उ	य	प	ञ	◌ै	द	म	ध	◌ि	ट	◌ो	क	र	◌ी	ग	इ
ब	◌ु	य	फ	ध	ल	स	ल	श	ल	◌ी	झ	क	ल	र	य
अ	त	◌ि	श	य	◌ो	क	◌्	त	◌ि	◌्	ह	प	न	ट	◌ा
म	ऋ	उ	ग	प	व	ऊ	र	ड	ष	ञ	स	उ	ख	त	श
ग	ठ	थ	म	य	म	ऊ	द	ए	ष	भ	आ	च	ग	र	न
न	ए	ठ	ड	ड	घ	ज	प	◌ा	न	◌ी	ठ	र	उ	द	त
द	उ	ग	ट	ग	श	ड	ब	प	त	त	त	ह	श	◌्	ष
◌ी	थ	ऊ	ए	ल	ग	ट	ह	ड	ए	छ	ड	त	ह	◌ु	क
ष	च	म	आ	घ	आ	ख	ठ	ड	◌़	ठ	फ	प	ऊ	म	ऊ
ल	ण	य	ष	ह	ल	ब	थ	र	ञ	◌ा	ल	न	ढ	स	ठ
घ	ल	ड	म	थ	च	च	त	◌ा	र	ध	ठ	ण	न	ख	आ
इ	ल	थ	ट	आ	ऊ	च	भ	द	ड	र	ठ	ऊ	फ	ठ	व
म	य	आ	ऊ	आ	ग	ऊ	उ	म	ब	उ	इ	ध	ए	आ	ह

पानी
पंख
नाव
गिल्स
टोकरी
रसोइया
उपकरण
अतिशयोक्ति
तार
हुक
चारा
झील
जबड़ा
सागर
धैर्य
वजन
समुद्र तट
नदी
ऋतु

5 - Geologia

य	ल	ल	छ	ए	घ	फ	त	क	क	द	ण	त	म	ह	ज
त	य	ए	द	प	ल	ग	उ	◌ै	◌्	ए	क	प	म	ए	◌ी
प	र	त	आ	व	◌ा	◌ा	ल	ल	व	स	इ	ट	ख	छ	व
क	ठ	ट	ख	◌ी	य	ट	न	◌्	◌ा	◌ि	ख	इ	◌ा	ठ	◌ा
◌्	र	न	च	द	ल	घ	फ	श	र	ड	◌ी	न	ब	व	श
ष	स	ड	ग	◌्	च	ग	ढ	◌ि	◌्	भ	म	ठ	◌ि	इ	◌्
◌े	◌्	ल	न	◌ा	इ	ञ	ञ	य	ट	◌ू	◌ु	म	उ	ज	म
त	ट	ध	म	ह	◌ं	आ	उ	म	◌्	क	ल	ब	च	छ	क
◌्	◌ै	उ	ष	म	व	◌ू	य	ष	ज	◌ं	◌ा	व	क	ठ	◌्
र	ल	ग	◌ु	फ	◌ा	न	म	क	र	प	व	प	◌्	च	र
उ	◌े	च	ञ	ल	र	ठ	र	स	आ	त	◌ा	ठ	र	फ	◌ि
उ	क	स	व	ष	य	ट	ए	ऊ	ष	थ	◌्	◌ा	थ	ढ	स
द	◌्	उ	छ	घ	ष	त	ठ	म	फ	ञ	ज	र	◌्	द	◌्
ऊ	ट	द	ख	ञ	भ	ड	घ	ऊ	आ	ञ	स	थ	त	इ	ट
त	◌ि	स	श	ञ	छ	र	थ	य	प	व	उ	म	प	ण	ल
ट	ट	ड	ड	ण	श	ब	आ	ल	इ	फ	म	छ	द	भ	ध

एसिड
परत
गुफा
कैल्शियम
चक्र
महाद्वीप
मूंगा
क्रिस्टल
कटाव
स्टैलेक्टिट
जीवाश्म
लावा
खनिज
पत्थर
पठार
क्वार्ट्ज
नमक
भूकंप
ज्वालामुखी
क्षेत्र

6 - Ética

व	◌्	य	क	◌्	त	◌ि	व	◌ा	द	आ	ग	◌ौ	र	व	म
ध	थ	प	श	ण	स	भ	थ	स	घ	ल	श	ए	य	ठ	◌ा
◌ि	◌ै	भ	न	ल	ह	ठ	ध	श	ठ	ड	व	◌ा	छ	इ	न
द	थ	र	घ	ग	न	व	ठ	घ	ब	व	श	य	व	थ	ष
◌्	म	च	◌्	◌ो	श	घ	द	ष	थ	ड	स	द	ग	◌ा	य
◌ु	◌ा	ई	ल	य	◌ौ	य	थ	◌ा	र	◌्	थ	व	◌ा	द	द
ब	न	म	त	ह	ल	ढ	ख	ढ	श	क	र	फ	य	ञ	ख
ए	व	◌ा	च	स	त	◌ा	ल	◌ु	◌ा	य	द	ब	इ	छ	ए
उ	त	न	ग	भ	◌ा	श	ध	फ	द	◌ि	ध	ह	प	स	ध
ल	◌ा	द	ल	ल	ध	स	न	अ	ढ	न	च	◌े	त	न	◌ा
च	प	◌ा	ख	द	इ	ए	इ	ख	प	ज	ख	घ	ग	प	घ
व	श	र	ऊ	छ	ढ	ल	त	◌ं	व	◌ा	ब	ड	श	ध	ञ
ब	◌ि	◌ी	ख	ल	भ	च	भ	ड	फ	र	च	त	ल	फ	म
ब	ध	न	श	◌्	र	द	छ	त	छ	ल	त	म	द	ञ	घ
ण	च	ष	◌ौ	उ	च	◌ि	त	◌ा	फ	ए	ढ	र	र	ध	ग
श	ह	ल	ब	त	◌ा	र	◌ि	क	◌ा	प	◌ो	र	प	द	फ

परोपकारिता
दयालुता
दया
सहयोग
गौरव
राजनयिक
दर्शन
ईमानदारी
मानवता
व्यक्तिवाद

अखंडता
आशावाद
धैर्य
चेतना
उचित
यथार्थवाद
विनीत
बुद्धि
सहनशीलता
मान

7 - Tempo

ऊ	ग	स	ए	ट	म	ब	ध	ड	य	आ	व	ञ	र	ठ	ग
ल	श	अ	ब	द	ि	न	ण	ट	फ	ट	ा	ं	घ	ञ	न
त	न	म	ल	ब	र	इ	भ	ठ	ल	ए	र	ड	श	थ	ष
द	श	क	ह	त	भ	व	ि	ष	्	य	्	ह	स	छ	म
आ	आ	ट	ध	ौ	भ	छ	व	ए	ट	व	ष	इ	प	व	प
ड	फ	ह	उ	द	न	ऊ	ख	ष	भ	ध	ि	भ	म	ो	ल
च	न	इ	ठ	स	घ	ा	ञ	म	ड	क	क	इ	प	त	द
ञ	य	ए	ऊ	य	ण	छ	च	प	म	ल	उ	स	ल	ध	भ
ह	ण	र	ण	आ	थ	ढ	ल	ण	ि	ल	ट	प	व	ठ	ड
ह	च	ए	त	ए	ञ	उ	र	घ	न	े	ध	्	आ	र	भ
ग	त	ऊ	प	घ	छ	ह	त	ड	ट	ह	ड	त	ा	र	ठ
श	त	घ	ब	ह	व	ण	उ	़	ल	प	घ	ा	ल	व	घ
व	म	च	ल	श	र	श	ण	ौ	ल	े	प	ह	ब	ु	स
इ	ए	ढ	श	ण	्	ह	ऊ	च	श	स	ं	प	ष	ग	ष
च	ल	आ	ल	व	ष	ह	प	न	ग	स	च	ै	छ	व	ञ
ऊ	ण	ज	उ	ल	द	व	ष	ठ	ष	इ	ल	य	क	छ	द

अब
वर्ष
इससे पहले
वार्षिक
कैलेंडर
दशक
दिन
भविष्य
आज
घंटा
सुबह
दोपहर
महीना
मिनट
पल
रात
कल
घड़ी
सप्ताह
सदी

8 - Astronomia

ड	ख	ट	ल	द	व	त	ऊ	द	ध	य	ण	प	स	ल	ब
ग	ग	ट	श	ष	◌ि	व	◌े	ध	श	◌ा	ल	◌ा	ष	म	श
◌्	◌ो	घ	भ	ख	क	ञ	य	ऊ	भ	स	ग	◌्	र	ह	ण
र	ल	द	थ	र	◌ि	न	द	स	◌ु	प	र	न	◌ो	व	◌ा
ह	व	ल	न	छ	र	ग	ग	फ	उ	ल	◌्	क	◌ा	क	ध
ग	◌ि	ब	प	◌ि	ण	स	◌ं	स	◌ा	र	ण	ऊ	प	◌्	ठ
◌ा	ज	ख	◌्	◌ृ	ह	घ	ए	ख	ग	फ	ग	ड	ष	ष	व
ग	◌्	ए	ह	र	थ	◌ा	ट	ठ	न	ड	न	ध	र	◌ु	घ
◌ं	ञ	आ	ब	स	ह	◌्	र	ढ	ड	ड	क	ग	त	द	ट
श	◌ा	क	आ	◌ौ	श	◌्	व	◌ि	र	स	◌्	ब	य	◌्	ख
◌ा	न	ए	ग	र	र	ब	म	◌ौ	क	द	ष	व	ण	र	व
क	◌ी	द	ण	छ	र	द	◌ॅ	◌ा	च	◌ा	त	◌ि	फ	ग	ढ
आ	ध	ड	ण	र	◌ॉ	क	◌े	ट	◌ं	ख	◌्	ष	ञ	◌्	ढ
ध	ण	प	भ	इ	ण	छ	ञ	म	स	ड	र	◌ु	ऊ	र	व
फ	ह	व	प	ठ	व	स	फ	प	ण	व	इ	व	ल	ह	ऊ
ग	◌ु	र	◌ु	त	◌्	व	◌ा	क	र	◌्	ष	ण	ह	प	ए

क्षुद्रग्रह
खगोल विज्ञानी
आकाश
नक्षत्र
ब्रह्मांड
ग्रहण
विषुव
रॉकेट
आकाशगंगा
गुरुत्वाकर्षण
चाँद
उल्का
निहारिका
वेधशाला
ग्रह
विकिरण
सौर
सुपरनोवा
पृथ्वी
संसार

9 - Acampamento

ब	ष	फ	ध	ण	र	द	घ	उ	ठ	ब	घ	ह	ए	प	घ
त	◌ं	ब	◌ू	ए	च	उ	त	ख	ण	ण	ट	त	प	ड	द
श	श	ट	ब	ए	ठ	प	प	ह	ड	ए	ठ	थ	त	◌़	◌ि
प	ध	उ	भ	ल	आ	क	ष	ट	आ	ठ	न	ब	◌ि	◌ँ	क
ल	ण	त	ग	च	ञ	र	ढ	व	उ	उ	ख	ह	क	प	◌्
उ	छ	घ	न	प	भ	ण	ञ	न	ड	म	य	ञ	◌ृ	द	स
ए	फ	ड	ट	स	आ	ल	ह	ष	ण	ट	ख	ड	र	द	◌ू
आ	छ	ए	आ	प	ए	छ	ल	श	य	◌ी	◌ो	प	◌्	ढ	च
ग	स	थ	फ	भ	ण	ण	ल	◌ि	श	क	ब	प	प	ल	क
म	ड	छ	ड	स	ञ	ध	द	क	थ	ण	ऊ	ञ	◌ी	इ	स
उ	ऊ	झ	ठ	प	ष	ड	◌़	◌ा	ह	प	श	ञ	ण	ध	◌ि
च	श	स	◌ी	◌्	स	र	ह	र	◌ो	◌ं	व	न	◌ा	ज	ह
ल	◌ा	◌ू	झ	ल	ए	ख	छ	क	व	भ	य	ण	ह	ख	◌ा
ञ	◌्	◌ं	ऊ	च	म	ब	ब	र	इ	ऊ	ट	इ	ब	फ	स
इ	क	इ	द	ल	ठ	घ	ए	न	ड	◌ो	◌ं	ग	◌ी	य	छ
ञ	न	ब	य	र	फ	द	स	◌ा	च	थ	ट	ध	ड	च	ब

जानवरों
साहसिक
पेड़
दिक्सूचक
केबिन
शिकार करना
डोंगी
टोपी
रस्सी
उपकरण
वन
आग
कीट
झील
चाँद
झूला
नक्शा
पहाड़
प्रकृति
तंबू

10 - Ficção Científica

प	ल	च	च	ल	इ	म	फ	ध	आ	फ	म	ष	म	द	ट
र	र	य	घ	आ	म	ऊ	ल	घ	क	ध	ण	ट	छ	◌ू	घ
ढ	आ	म	र	◌्	भ	ट	छ	ञ	◌ा	ट	ब	◌ो	◌ो	र	ध
न	द	य	◌ा	फ	ग	◌ा	ग	◌ं	श	◌ा	क	आ	श	ब	ञ
उ	र	◌्	घ	ण	◌्	त	स	ड	व	ढ	व	न	ल	म	व
ञ	◌्	स	ध	आ	◌ु	य	छ	ध	◌ा	य	उ	त	न	स	◌ि
आ	श	ह	द	ग	ल	छ	◌ू	ऊ	ण	ग	◌्	र	ह	घ	स
क	ल	र	प	◌ु	व	क	ऊ	च	◌ी	र	ध	ख	त	य	◌्
◌े	◌ो	भ	श	ख	न	न	ग	फ	र	आ	घ	ह	ष	थ	फ
◌ं	क	फ	ग	छ	उ	◌ि	ल	न	ग	◌ि	म	व	ग	इ	◌ो
त	ठ	ण	म	ठ	ल	प	य	ट	व	इ	स	थ	ध	च	ट
स	◌ि	न	◌े	म	◌ा	ल	उ	◌ा	न	फ	ट	◌्	व	र	ढ
◌्	य	ड	छ	य	ध	◌्	ठ	ट	घ	ए	य	ढ	ट	म	ठ
◌ु	उ	श	◌ा	न	द	◌ा	र	र	घ	य	त	उ	ए	◌ि	ह
प	र	ड	य	ट	ष	क	घ	घ	ण	ठ	ण	घ	छ	ड	क
प	◌्	र	◌ौ	द	◌्	य	◌ो	ग	◌ि	क	◌ी	फ	आ	र	स

परमाणु
सिनेमा
दूर
विस्फोट
चरम
शानदार
आग
फ्यूचरिस्टिक
आकाशगंगा
भ्रम
काल्पनिक
पुस्तकें
रहस्यमय
दुनिया
आकाशवाणी
ग्रह
रोबोट
प्रौद्योगिकी
आदर्शलोक

11 - Mitologia

प	आ	ध	प	ञ	ए	आ	र	ध	थ	ठ	ई	ए	स	अ	ऊ
व	◌्	य	व	ह	◌ा	र	व	◌्	श	न	र	द	य	म	ज
उ	ए	ठ	र	ध	न	ल	ख	क	ष	ज	◌्	श	श	र	◌ा
भ	◌ू	ल	भ	◌ु	ल	◌ै	य	◌ा	ध	◌ृ	ष	ष	ढ	त	द
ञ	ध	उ	उ	ष	ष	प	ढ	य	ठ	स	◌्	ढ	द	◌ा	◌ु
त	◌ा	क	त	ण	ग	उ	ड	◌ि	घ	उ	य	श	छ	ष	ई
इ	स	त	ध	ड	ण	र	य	◌ा	स	आ	◌ा	र	ढ	स	फ
द	छ	ख	ए	ष	ल	ए	ल	न	ष	त	प	◌्	ध	व	च
स	र	◌ा	क	◌्	ष	स	ट	ल	ब	य	ट	द	थ	थ	आ
ए	श	व	ञ	य	ए	ग	ग	र	ज	◌ो	आ	आ	◌ा	ऊ	आ
श	इ	ञ	ल	त	◌ा	ञ	प	ह	भ	द	य	प	क	ढ	भ
ज	न	ग	ढ	ह	ऊ	न	घ	ख	ब	◌्	ऊ	र	त	ए	प
उ	◌ं	स	◌ं	स	◌्	क	◌ृ	त	◌ि	ध	व	◌ू	◌ं	स	ल
श	ब	त	ब	◌ि	ज	ल	◌ी	ञ	ष	◌ा	◌ा	ल	द	ब	आ
ऊ	आ	य	◌ु	प	ध	ठ	न	इ	ए	स	इ	◌ू	ए	म	ण
इ	श	छ	छ	ऊ	र	ड	ब	ढ	छ	श	च	म	ड	प	ण

मूलरूप आदर्श
ईर्ष्या
व्यवहार
सृजन
जंतु
संस्कृति
आपदा
ताकत
योद्धा
नायिका
नायक
अमरता
भूलभुलैया
दंतकथा
जादुई
राक्षस
नश्वर
बिजली
गरज
बदला

12 - Medições

छ	ई	च	◌ा	◌ं	ऊ	ग	◌्	र	◌ा	म	म	म	ब	ऊ	छ
ब	◌ा	इ	ट	न	◌ि	म	ब	ष	◌ी	ट	ढ	आ	भ	स	न
प	र	व	ढ	इ	थ	आ	म	र	◌ा	ग	◌्	ल	◌ो	◌ि	क
ठ	ह	घ	ग	◌ं	व	य	ल	त	य	स	◌्	स	प	छ	स
ण	ग	इ	उ	च	ट	त	◌ौ	न	भ	ख	स	◌ि	व	ज	न
च	◌ौ	ड	◌़	◌ा	ई	न	ट	य	आ	व	म	ञ	ड	ह	घ
ए	ठ	ट	ष	ढ	ध	ड	र	ब	इ	व	ध	व	प	न	थ
स	◌े	◌ं	ट	◌ी	म	◌ी	ट	र	घ	ल	ट	औ	त	व	व
ह	ऊ	थ	ब	छ	य	थ	म	य	न	म	म	◌ं	ण	ह	ग
ह	ल	ख	ण	प	आ	ण	◌ी	फ	ढ	श	◌ा	स	न	त	ल
र	ख	न	ष	फ	ट	ग	ल	ल	ए	द	ल	स	ग	थ	त
प	ठ	प	उ	इ	थ	ल	◌ो	थ	फ	त	भ	◌ं	त	छ	त
ऊ	म	◌ी	ट	र	ख	म	◌ि	द	थ	उ	घ	ट	ब	च	ऊ
इ	स	स	ऊ	ण	प	व	क	ह	ट	य	छ	ब	च	◌ा	व
थ	ष	ग	र	ढ	ड	ढ	ल	श	द	श	फ	ए	छ	ध	ई
र	न	त	ढ	छ	त	त	च	न	ड	ल	ऊ	म	ट	न	उ

ऊंचाई
बाइट
सेंटीमीटर
लंबाई
दशमलव
ग्राम
डिग्री
चौड़ाई
लीटर
मास

मीटर
मिनट
औंस
वजन
इंच
गहराई
किलोग्राम
किलोमीटर
टन
आयतन

13 - Álgebra

क	च	र	इ	ट	स	ऊ	घ	द	य	द	प	स	छ	न	ञ
ल	◌ो	ञ	ट	न	◌ू	न	ग	आ	ग	ख	◌्	म	ढ	ल	ग
ञ	य	ष	ख	य	त	ज	ट	फ	छ	आ	र	◌ी	ह	ड	य
ढ	न	ग	◌्	भ	◌्	भ	उ	त	ऊ	ढ	त	क	ष	ण	ण
ग	◌्	फ	ऊ	ठ	र	◌ा	त	◌्	◌ा	म	◌ि	र	घ	त	ण
झ	◌ू	ठ	◌ा	थ	क	◌ि	फ	◌ं	ल	उ	प	ण	ट	घ	ट
ब	श	त	ड	इ	घ	व	ह	द	न	ए	◌ा	ञ	◌ा	ए	थ
व	फ	फ	ऊ	ब	ब	ऊ	स	य	इ	अ	द	ठ	व	छ	ग
र	च	छ	ब	श	ह	इ	य	◌ो	ग	घ	क	य	भ	म	ध
र	◌े	ञ	इ	ग	स	क	◌्	र	◌ि	ट	◌्	◌ै	म	ल	अ
य	ध	ख	भ	ण	◌ं	स	म	◌ा	ध	◌ा	न	ठ	ध	द	◌ं
प	ब	◌े	◌ी	भ	क	य	स	◌ं	ख	◌्	य	◌ा	व	न	श
व	ख	र	ढ	य	ट	ढ	आ	ड	म	श	न	ञ	न	र	द
ध	भ	आ	ब	य	ञ	भ	ब	ष	म	ट	क	◌ा	र	क	ठ
व	फ	थ	थ	ड	ठ	उ	म	ष	र	उ	घ	ख	द	प	फ
उ	ठ	ल	ध	आ	ढ	श	ग	उ	थ	व	भ	आ	आ	ख	भ

आरेख
विभाजन
समीकरण
प्रतिपादक
झूठा
कारक
सूत्र
अंश
अनंत
रेखीय
मैट्रिक्स
संख्या
कोष्ठक
संकट
मात्रा
समाधान
योग
घटाव
चर
शून्य

14 - Plantas

ब	ग	ष	त	स	द	र	ट	स	ञ	ढ	ड	ड	ट	थ	फ
ख	ग	त	द	म	ण	ढ	ष	प	च	ल	भ	च	प	फ	थ
ष	श	◌ी	व	इ	आ	र	ब	श	घ	◌ा	स	छ	ज	च	त
न	फ	◌्	च	ई	ट	उ	थ	त	◌ु	आ	ल	छ	ड	द	ठ
व	न	त	उ	◌ा	घ	इ	घ	ट	◌ी	ब	◌ू	◌ी	◌़	ड	ज
घ	श	प	र	क	स	◌ू	र	◌्	य	थ	फ	क	श	ष	थ
स	ब	ठ	◌्	व	न	स	◌्	प	त	◌ि	ठ	◌ै	म	ण	उ
प	ण	न	व	म	ञ	स	थ	ढ	ह	न	ऊ	क	ञ	व	ष
उ	त	ण	र	भ	इ	ए	य	इ	उ	त	छ	◌्	छ	घ	उ
द	आ	◌्	क	ह	प	उ	ग	ए	ल	म	प	ट	र	द	न
ए	त	ट	त	ढ	य	ए	च	ग	ल	थ	इ	स	ल	ए	ठ
ध	ञ	उ	भ	◌े	घ	ड	स	ए	प	त	ञ	ठ	न	ऊ	र
ह	छ	छ	स	र	उ	ब	◌ं	ढ	छ	प	◌े	ड	◌़	छ	ग
द	फ	उ	श	उ	ठ	त	◌ा	◌्	त	प	र	ण	स	◌े	म
र	भ	ल	ह	ह	ट	प	ब	◌े	र	◌ी	ट	फ	ग	श	ष
र	ऊ	ध	ख	ष	ब	ग	त	न	य	ब	फ	म	भ	श	फ

बुश
पेड़
बेरी
बांस
कैक्टस
जड़ी बूटी
सेम
उर्वरक
फूल
वन
पत्ता
पत्ते
घास
आइवी
बगीचा
काई
पत्ती
जड़
सूर्य
वनस्पति

15 - Veículos

आ	ष	ढ	ड	ड	उ	ऊ	श	ठ	ध	र	घ	ब	च	भ	च
ऊ	ख	ट	श	ब	न	छ	ट	◌ै	क	◌्	स	◌ी	ठ	भ	ह
ढ	ष	इ	ए	प	म	ड	ग	भ	ल	ट	श	ब	ह	न	र
न	इ	च	घ	व	◌ा	◌ं	र	◌ा	क	प	उ	◌्	भ	त	◌ॉ
ण	इ	य	उ	◌ा	◌ि	र	◌्	घ	◌ि	य	इ	◌ु	ञ	ञ	क
फ	ह	इ	ग	न	व	ट	म	छ	इ	उ	ऊ	ड	न	व	◌े
द	य	ग	त	ञ	ष	प	◌ा	ट	◌ा	ब	आ	न	◌ौ	आ	ट
ग	ड	ञ	ध	व	फ	◌्	त	य	स	स	द	प	क	छ	ढ
ल	छ	घ	ण	प	ग	क	ग	ऊ	र	प	फ	म	◌ा	ठ	न
भ	ऊ	ट	ण	ठ	श	◌ॉ	म	भ	ग	ट	भ	ऊ	व	ड	च
प	फ	क	◌ा	र	ञ	ल	◌ि	ठ	द	ऊ	क	र	आ	ण	ह
द	च	ट	ष	ग	ग	◌ी	◌ू	व	आ	ल	त	◌ू	उ	य	न
र	इ	श	◌्	ल	न	◌े	भ	उ	य	घ	न	श	◌्	इ	द
म	◌ो	ट	र	र	न	ह	व	◌ा	ग	◌ी	◌ो	र	ञ	स	छ
ऊ	द	त	र	ट	क	◌्	र	◌ै	◌्	ट	ट	उ	आ	ग	छ
ब	◌े	ड	◌़	◌ा	ण	द	ध	श	ण	ए	न	ण	त	य	घ

रोगी वाहन
विमान
नौका
नाव
साइकिल
ट्रक
कारवां
कार
रॉकेट
हेलीकॉप्टर
बेड़ा
स्कूटर
भूमिगत मार्ग
मोटर
बस
टायर
पनडुब्बी
टैक्सी
शटल
ट्रैक्टर

16 - Engenharia

ढ	ध	ग	ऊ	प	इ	व	ऊ	म	◌ो	ट	र	त	◌ा	क	त
द	ऊ	ण	र	त	ि◌	व	र	न	इ	छ	ऊ	भ	छ	ड	घ
फ	घ	न	◌ी	श	म	ग	◌्	ड	◌ी	ज	ल	ञ	ख	थ	इ
न	म	◌ा	य	आ	ग	घ	ज	र	ए	फ	आ	ब	ण	इ	ख
◌ा	ि◌	प	ह	भ	ग	त	◌ा	र	थ	ि◌	◌्	स	ण	ड	ष
च	स	र	आ	र	◌े	ख	ह	व	स	अ	ब	ण	त	च	उ
र	फ	छ	◌्	फ	ल	ग	न	क	ष	क	छ	ऊ	द	द	ड
◌ं	ए	प	ष	म	ए	त	ष	◌ो	घ	◌्	ब	छ	थ	श	घ
स	ण	उ	च	ट	◌ा	थ	र	ण	र	ष	स	भ	ग	द	त
ध	इ	घ	ग	त	ल	ण	ब	ल	◌्	ख	ड	य	म	भ	प
त	च	आ	आ	उ	ल	श	ष	ष	ष	ट	आ	प	◌ा	प	ष
ढ	ठ	ए	इ	ट	ऊ	छ	न	द	ण	◌ो	र	◌्	प	◌्	ख
ब	य	ख	व	श	इ	उ	च	त	ट	व	ञ	ण	ह	ड	व
स	आ	इ	ख	च	ण	उ	द	ट	ब	म	य	श	ह	ष	भ
घ	ए	आ	ष	ल	ड	स	ठ	ग	ह	र	◌ा	ई	स	त	ब
च	ट	म	य	ऊ	ध	ष	म	ध	आ	द	र	स	ष	थ	र

घर्षण
कोण
गणना
निर्माण
आरेख
व्यास
डीजल
आयाम
वितरण
अक्ष
ऊर्जा
स्थिरता
संरचना
ताकत
तरल
मशीन
माप
मोटर
गहराई
प्रणोदन

17 - Restaurante # 2

क	ढ	ड	उ	ष	ध	व	ड	फ	ख	ह	ण	ञ	घ	म	भ
र	◌्	म	उ	ग	ण	क	◌े	श	स	ब	व	द	आ	त	म
ह	ड	ष	छ	ञ	त	◌ा	ए	ट	ण	त	थ	ञ	ग	स	ड
ह	ध	ड	◌ु	ढ	ण	◌ं	ष	श	र	घ	ग	ल	ब	ष	ण
य	फ	र	त	ध	द	ट	ल	ड	व	ठ	त	श	ध	भ	ए
क	थ	द	ण	च	◌ा	◌ा	ट	उ	श	स	भ	फ	श	ख	ष
ठ	◌े	उ	ख	ह	ल	व	ए	ऊ	न	म	ह	ल	ठ	घ	ण
ठ	आ	क	म	द	स	◌ी	र	◌्	◌ु	क	स	ण	त	भ	ठ
घ	घ	त	ष	थ	ष	च	म	◌्	म	च	ब	छ	ध	आ	ग
र	◌ा	त	क	◌ा	ख	◌ा	न	◌ा	ध	घ	◌्	म	छ	ल	◌ी
स	◌्	व	◌ा	द	◌ि	ष	◌्	ट	आ	क	ज	ख	म	न	प
य	ब	य	न	म	क	र	फ	स	प	ट	◌ि	थ	य	◌ू	स
द	◌ो	प	ह	र	क	◌ा	भ	◌ो	ज	न	य	◌े	प	ड	◌ू
द	ठ	उ	य	ट	भ	ट	प	◌ा	न	◌ी	◌ा	स	थ	ल	प
त	ठ	य	ल	म	स	◌ा	ल	◌े	ण	त	◌ं	ल	भ	◌्	र
ब	र	◌्	फ	ऊ	ल	त	च	ट	आ	च	ठ	ग	प	स	थ

दोपहर का भोजन
क्षुधावर्धक
पानी
पेय
केक
कुर्सी
चम्मच
स्वादिष्ट
मसाले
फल

वेटर
कांटा
बर्फ
रात का खाना
सब्जियां
नूडल्स
मछली
नमक
सलाद
सूप

18 - Países #2

न	◌ा	इ	ज	◌ी	र	◌ि	य	◌ा	घ	र	ल	म	अ	ज	स
न	भ	ष	श	आ	उ	उ	ढ	ल	द	ढ	र	थ	ल	◌ा	घ
◌ा	ख	ख	फ	थ	छ	घ	फ	ध	ध	ञ	ड	स	◌्	प	च
◌ू	ह	◌ै	त	◌ी	फ	ए	द	ल	स	ट	ग	◌ो	ब	◌ा	ग
य	य	ठ	थ	घ	भ	न	य	ढ	र	इ	ण	म	◌ा	न	स
इ	◌ं	ड	◌ो	न	◌े	श	◌ि	य	◌ा	न	य	◌ा	न	त	उ
आ	ष	◌ं	छ	श	न	क	ठ	र	◌ं	◌े	◌ू	ल	◌ि	◌ा	ऊ
उ	प	◌ै	उ	फ	इ	◌ा	ष	न	◌्	प	क	◌ि	य	स	प
र	ण	ल	ल	ड	ध	◌ै	ब	ड	फ	◌ा	◌्	य	◌ा	◌्	ञ
ल	ढ	र	ड	◌ा	ब	म	ऊ	◌े	ह	ल	र	◌ा	आ	क	ष
स	स	य	त	ग	ओ	ज	ल	न	ल	थ	◌े	ट	ख	◌ि	म
ह	◌ी	आ	द	◌ा	र	स	फ	म	स	ग	न	प	म	◌ा	स
इ	म	र	ल	◌ं	ध	आ	ठ	◌ा	च	ठ	फ	र	भ	प	ख
ध	ख	च	◌ि	◌ु	ख	ण	च	र	य	म	इ	◌ू	र	भ	म
न	ख	स	घ	य	ञ	ल	ख	◌्	ऊ	भ	श	स	ब	ण	इ
प	द	र	भ	भ	◌ा	श	श	क	◌ो	स	◌ि	क	◌्	◌े	म

अल्बानिया
डेनमार्क
फ्रांस
यूनान
हैती
इंडोनेशिया
आयरलैंड
जमैका
जापान
लाओस
लेबनान
मेक्सिको
नेपाल
नाइजीरिया
पाकिस्तान
रूस
सीरिया
सोमालिया
यूक्रेन
युगांडा

19 - Material de Arte

ञ	प	च	ड	ए	ध	न	ब	क	र	थ	र	स	घ	स	ढ
व	आ	इ	ञ	ग	ष	द	आ	◌ु	च	ण	ञ	भ	प	◌्	स
ट	श	ऊ	ड	य	ख	इ	ख	र	न	◌ो	◌ा	प	र	य	ञ
न	श	क	◌ा	ग	ज	ख	ञ	◌्	◌ा	घ	छ	प	घ	◌ा	थ
ष	ण	र	ब	ड	◌़	ब	घ	स	त	आ	भ	च	ञ	ह	ञ
च	◌ि	त	◌्	र	फ	ल	क	◌ो	◌्	भ	इ	प	न	◌ो	प
छ	ष	च	ण	ब	क	थ	ह	ष	म	ण	ए	◌े	न	र	ल
ट	◌े	ब	ल	ए	ढ	◌ै	ब	द	क	ग	क	◌ं	ए	ध	च
ऊ	ध	त	ट	आ	ल	ब	म	उ	त	ड	◌्	ट	ग	ठ	य
ख	ठ	ण	स	ऊ	आ	भ	इ	र	◌ा	ष	र	त	◌ो	ह	घ
ध	ध	ह	◌्	त	आ	ट	ए	र	◌ा	ऊ	◌ि	श	◌ं	प	ष
ञ	व	उ	◌े	◌े	ख	च	च	य	◌ं	र	ल	व	द	◌े	ट
र	य	ठ	प	ल	ज	ल	र	◌ं	ग	ग	◌ि	प	ष	◌ं	म
य	ऊ	ग	इ	घ	म	ठ	फ	छ	ठ	ग	क	ब	ञ	स	थ
ह	ण	भ	ड	छ	य	ड	ट	इ	प	छ	ह	इ	उ	◌ि	प
छ	न	ष	भ	श	थ	ऊ	ऊ	म	◌ि	ट	◌्	ट	◌ो	ल	स

एक्रेलिक
रबड़
जल रंग
मिट्टी
पानी
कुर्सी
चित्रफलक
कैमरा
गोंद
रंग
रचनात्मकता
ब्रश
पेंसिल
टेबल
तेल
कागज
पेस्टल
स्याही
पेंट

20 - Números

न	ध	उ	छ	घ	त	व	ह	ष	ह	र	◌्	त	स	ध	स
◌ौ	श	उ	आ	ल	ह	र	द	◌्	◌ं	प	स	◌ा	◌ी	द	◌ो
घ	ण	व	छ	द	र	उ	◌ौ	श	च	◌ा	र	स	ब	न	थ
ए	ख	त	म	च	◌ा	घ	च	छ	म	च	भ	द	प	ट	फ
इ	भ	ब	द	ध	ठ	श	◌ं	ऊ	ष	ल	य	इ	ख	भ	ह
ख	ठ	ड	य	आ	अ	त	◌ा	व	ध	ढ	व	र	च	य	फ
ण	च	श	ठ	ठ	ऊ	य	प	ग	द	ठ	श	म	ऊ	व	फ
ऊ	ब	च	ग	न	उ	भ	ऊ	म	ठ	न	श	स	◌ो	ल	ह
च	ब	व	ढ	च	ध	द	ह	उ	छ	ह	घ	ब	य	द	ऊ
ग	भ	ध	ढ	ऊ	ब	ड	ड	ए	च	र	घ	त्र	म	ए	क
त	ग	स	ढ	र	ह	ख	न	ध	र	ख	द	ठ	ह	ए	छ
द	भ	न	घ	ऊ	ब	ष	आ	प	ष	श	ए	उ	त्र	ए	इ
श	◌ू	न	◌्	य	फ	छ	प	ह	र	ठ	ब	च	ऊ	द	ण
इ	आ	ए	र	छ	ढ	आ	ल	ब	उ	प	ढ	◌ा	ड	श	फ
च	ठ	व	च	य	न	द	द	ध	च	ण	ऊ	छ	र	ल	य
च	छ	ह	र	◌े	त	ढ	फ	च	श	र	ण	भ	छ	ह	ए

पांच
दशमलव
दस
सोलह
सत्रह
अठारह
दो
बारह
नौ
आठ
चौदह
चार
पंद्रह
छह
सात
तेरह
तीन
एक
बीस
शून्य

21 - Física

स	छ	ड	ञ	इ	स	घ	ग	ग	ण	ह	ऊ	ए	ग	ग	ह
◌ा	प	द	ष	ल	◌ा	ध	न	क	श	फ	स	ध	य	◌ु	घ
र	ऊ	ग	न	◌े	प	ल	स	त	न	आ	म	ढ	क	र	त
◌्	अ	ण	◌ु	क	◌े	ष	◌ू	ञ	◌्	◌ि	ञ	ठ	◌ौ	◌ु	◌्
व	म	क	ह	◌्	क	ग	त	म	ग	व	य	श	भ	त	व
भ	च	ध	ञ	ट	◌्	ए	◌्	च	ढ	ख	म	स	◌ि	◌्	र
◌ौ	ए	ऊ	ड	◌्	ष	व	र	द	न	ध	य	◌ै	◌ा	व	ण
म	आ	थ	द	र	त	य	थ	ण	छ	ष	र	ग	न	◌ा	प
◌ि	भ	व	ऊ	◌ॉ	◌ा	च	◌ु	◌ं	ब	क	त	◌्	व	क	र
क	ए	र	◌ृ	न	म	इ	◌ं	ज	न	भ	ब	ख	व	र	म
ग	श	ह	ड	त	अ	र	◌ा	ज	क	त	◌ा	थ	इ	◌्	◌ा
प	ण	ए	इ	ट	◌्	ब	व	◌े	ग	स	ब	ण	म	ष	ण
ण	थ	स	द	ठ	ड	त	ह	भ	प	भ	ड	ट	◌ा	ण	◌ु
उ	ट	ञ	ध	क	◌ौ	र	◌ि	त	◌्	◌ं	◌ा	य	स	ख	स
ग	ब	ठ	ह	च	ञ	भ	ग	ड	घ	ष	छ	इ	ड	ख	र
प	प	ड	ञ	आ	ऊ	ख	द	ल	ट	ण	य	स	ख	ए	फ

त्वरण
परमाणु
अराजकता
घनत्व
इलेक्ट्रॉन
सूत्र
आवृत्ति
गैस
गुरुत्वाकर्षण
चुंबकत्व
मास
यांत्रिकी
अणु
इंजन
नाभिकीय
कण
रासायनिक
सापेक्षता
सार्वभौमिक
वेग

22 - Especiarias

ज	◌ी	र	◌ा	भ	ह	द	प	म	द	व	◌ा	◌्	स	न	इ
ध	व	फ	ल	च	ञ	ठ	उ	ज	य	◌ा	◌्	प	ल	म	ल
स	न	प	◌ा	य	◌्	द	न	म	द	ड	ल	घ	उ	क	◌ा
ब	◌ु	◌ि	र	ल	न	फ	श	◌ि	र	ठ	ए	च	ग	ञ	य
म	स	ऊ	य	ध	ऊ	ण	ष	र	स	छ	प	प	◌ी	ष	च
ज	ह	श	भ	◌ा	ल	ख	ल	◌्	ब	ल	च	ठ	र	न	◌ी
◌ा	ल	ल	इ	प	उ	आ	ण	च	ग	र	स	◌े	क	फ	◌ी
य	ऊ	◌ी	र	क	स	◌ौ	◌ं	फ	ल	छ	ड	ह	र	न	ऊ
फ	त	◌ं	ण	ड	ण	य	थ	ठ	इ	ख	श	ष	द	भ	म
ल	प	ग	त	◌़	ध	र	स	इ	इ	ड	म	थ	अ	च	◌ि
द	र	ण	ल	व	इ	च	र	ऊ	आ	ण	आ	न	छ	य	ठ
उ	भ	प	ग	◌ा	ग	ख	ए	प	घ	ऊ	ढ	द	घ	ञ	◌ा
ह	उ	ख	छ	ए	व	भ	ट	म	आ	आ	उ	ल	छ	म	ई
य	ड	ग	ण	घ	इ	ष	ऊ	◌्	ठ	श	ड	म	ञ	ठ	स
ल	र	इ	घ	च	ढ	न	र	प	ट	व	न	◌ी	ल	◌ा	स
र	ढ	ड	ध	न	ढ	भ	फ	ढ	ऊ	◌ा	इ	ऊ	ठ	स	र

केसर
नद्यपान
लहसुन
कड़वा
खट्टा
वनीला
दालचीनी
इलायची
करी
प्याज
धानेया
जीरा
लौंग
मिठाई
सौंफ
अदरक
जायफल
मिर्च
स्वाद
नमक

23 - Países #1

च	त	ञ	ऊ	स	घ	ऊ	ष	ग	न	स	म	ठ	ष	म	घ
ट	ण	न	ठ	इ	ए	ज	र	◌्	म	न	◌ी	◌ा	ड	आ	क
भ	ड	भ	छ	द	र	र	ऊ	द	य	स	व	ख	ल	उ	◌ं
स	◌ा	ल	ज़	◌ी	र	◌ा	◌्	ब	ट	फ	प	ल	थ	◌ी	ब
त	◌ा	थ	ग	श	प	स	ड	ढ	म	◌ि	स	◌्	र	न	◌ो
र	न	त	प	न	◌ा	म	◌ा	फ	भ	◌ा	र	त	व	◌ॉ	ड
प	क	◌ा	र	इ	◌े	ऊ	र	◌ि	ब	न	ड	ख	◌े	र	◌ि
र	◌ो	र	न	ट	ण	◌े	आ	न	व	उ	च	ल	न	◌्	य
इ	क	ल	घ	ड	स	ख	स	ल	ढ	द	ब	त	◌े	व	◌ा
व	◌्	इ	◌ै	इ	ब	ख	ण	◌ै	य	द	ग	इ	ज	◌े	ए
ह	र	◌ा	च	◌ं	ल	घ	श	◌ं	म	ब	र	ट	◌़	श	त
य	◌ो	र	ट	ऊ	ड	ल	व	ड	र	ञ	ट	ल	◌ु	द	द
फ	म	ज	इ	क	◌्	व	◌े	ड	◌ो	र	ट	◌ी	ए	स	ञ
ल	त	इ	न	◌ि	क	◌ा	र	◌ा	ग	◌ु	आ	ष	ल	इ	इ
ख	स	◌्	प	◌े	न	ए	च	फ	र	ल	ग	ग	◌ा	घ	ब
ठ	र	ट	म	ख	ध	उ	ड	द	य	म	ण	व	ग	द	श

जर्मनी
ब्राज़ील
कंबोडिया
कनाडा
मिस्र
इक्वेडोर
स्पेन
फिनलैंड
इराक
इजराइल
इटली
भारत
माली
मोरक्को
निकारागुआ
नॉर्वे
पनामा
पोलैंड
सेनेगल
वेनेज़ुएला

24 - A Mídia

द	म	व	व	फ	स	ऊ	त	ब	त	ण	थ	उ	ष	ब	ट
ल	◌ृ	ध	ट	भ	च	घ	प	◌ौ	फ	थ	ष	उ	ध	च	◌े
भ	च	ष	◌ा	क	◌्	◌ि	श	द	ट	र	◌्	ठ	ब	स	ल
ल	भ	थ	◌्	त	ठ	र	ठ	◌्	ख	न	र	य	इ	◌ं	◌ी
छ	प	ण	श	ट	स	च	ण	ध	ब	ए	◌े	ल	ल	च	व
छ	स	ए	छ	प	◌ि	◌्	छ	◌ि	फ	ञ	ड	घ	स	◌ा	◌ि
उ	द	◌्	य	◌ो	ग	क	व	क	ण	य	◌ि	ढ	म	र	ज
ऑ	न	ल	◌ा	इ	न	न	◌ो	◌ी	ठ	थ	य	य	◌ा	द	न
व	◌्	य	क	◌्	त	◌ि	ऊ	ण	र	फ	◌ो	ड	च	श	ए
छ	प	न	र	त	र	ज	ए	र	ल	◌े	ञ	◌ि	◌ा	प	ठ
ख	ट	◌ी	◌्	ट	ड	व	ञ	क	ख	भ	◌ं	ज	र	म	प
ह	छ	थ	व	आ	थ	र	आ	स	र	◌ा	य	◌ि	प	ख	म
भ	ब	◌ा	ट	ठ	ए	◌्	ष	◌्	घ	ए	आ	ट	त	च	ष
त	ढ	◌्	◌े	ण	द	◌ा	र	◌ं	ख	ल	ध	ल	◌्	प	ख
ध	द	स	न	थ	ख	स	आ	स	न	फ	ग	ए	र	श	द
व	◌ा	ण	◌ि	ज	◌्	य	◌ि	क	ण	फ	ठ	ध	उ	ध	छ

दृष्टिकोण
वाणिज्यिक
संचार
डिजिटल
संस्करण
शिक्षा
तथ्य
तस्वीरें
व्यक्ति
उद्योग
बौद्धिक
समाचार पत्र
स्थानीय
ऑनलाइन
राय
सार्वजनिक
रेडियो
नेटवर्क
टेलीविजन

25 - Casa

भ	ख	फ	थ	ष	ग	र	स	◌ो	ई	घ	भ	त	प	श	ग
ठ	ग	र	ढ	ठ	इ	र	व	ट	स	र	ह	च	घ	श	ल
ग	ब	ह	ह	क	छ	घ	द	◌ा	उ	भ	च	श	प	ए	◌ी
ख	म	प	ष	◌ु	इ	ञ	प	व	◌ी	ढ	ए	ल	ब	ऊ	च
ञ	ह	भ	ड	◌ं	च	ल	ष	ह	उ	द	ह	ट	म	ढ	◌ा
ह	घ	ड	न	ज	थ	ट	द	ख	ब	ग	◌ी	च	◌ा	ष	इ
ग	ट	य	ठ	◌ी	च	ब	च	र	◌ि	य	ह	श	त	ग	ख
झ	प	घ	ञ	ए	स	ञ	ड	च	आ	ड	प	उ	उ	◌ै	द
◌ा	त	◌ु	ब	व	ख	ह	ए	न	छ	◌़	◌़	त	ठ	र	र
ड	ञ	ल	स	च	◌ि	म	न	◌ी	म	◌ा	द	क	ब	◌े	◌्
◌़	ष	य	ष	◌्	क	क	ए	◌्	म	ब	ट	श	◌ी	ज	प
◌ू	ग	ऊ	च	र	त	इ	र	र	◌ी	◌ा	ट	अ	घ	न	ण
फ	थ	ल	थ	प	ञ	क	छ	फ	म	च	ए	भ	भ	ए	ट
ऊ	द	ख	त	म	फ	ज	◌ा	◌ा	व	र	द	◌े	◌्	र	प
ख	छ	ए	आ	न	श	व	◌ौ	ल	प	उ	व	च	थ	ण	इ
स	◌्	न	◌ा	न	घ	र	ब	न	य	उ	घ	ड	इ	ध	घ

स्नानघर
पुस्तकालय
बाड़
कुंजी
बौछार
पर्दे
रसोई
दर्पण
गैरेज
खिड़की

बगीचा
चिमनी
फर्नीचर
दीवार
दरवाजा
कक्ष
अटारी
गलीचा
नल
झाड़ू

26 - Vegetais

ल	च	च	भ	घ	त	ञ	द	ऊ	ख	ल	आ	न	ऊ	ब	स
स	भ	ठ	ञ	ञ	य	ध	ल	भ	◌ी	ग	◌ो	ल	◌ू	फ	ख
ग	भ	ग	इ	त	य	ह	घ	ड	र	ट	म	ह	ह	ष	ण
भ	व	ठ	ढ	थ	ड	द	प	त	◌ा	आ	ज	म	ठ	भ	र
स	ड	च	र	ठ	व	व	भ	ण	त	ग	ल	य	ट	ख	फ
ल	ढ	ण	व	छ	ए	थ	थ	ग	ण	ध	श	श	◌ा	द	ऊ
◌ा	स	व	ऊ	ल	उ	भ	च	ल	◌ी	क	◌ो	र	◌ो	◌्	ब
द	न	क	द	◌्	द	◌ू	ल	आ	छ	च	आ	ट	ऊ	अ	प
इ	◌ो	ख	इ	ऊ	ग	ग	त	घ	श	थ	ख	◌ा	फ	ज	थ
आ	ऊ	म	ल	प	ञ	◌ा	थ	र	प	◌ी	ड	म	घ	व	प
म	ड	य	ज	ष	घ	घ	ज	क	ल	◌ा	प	ट	ट	◌ा	ब
◌ू	न	श	न	अ	म	र	ध	र	ल	ह	स	◌ु	न	इ	उ
ल	ख	ल	ए	ञ	श	उ	म	द	ग	त	य	ण	ग	न	ब
◌ी	ञ	ञ	प	घ	र	श	त	अ	व	ब	ड	श	◌ं	श	ट
न	र	न	ह	घ	◌ू	न	न	इ	छ	ठ	ब	थ	◌ै	ण	ञ
र	ढ	घ	भ	ट	म	उ	ढ	म	घ	ठ	ए	स	ब	ठ	म

कद्दू
अजवाइन
हाथी चक
लहसुन
आलू
बैंगन
ब्रोकोली
प्याज
गाजर
मशरूम
फूलगोभी
मटर
पालक
अदरक
शलजम
खीरा
मूली
सलाद
अजमोद
टमाटर

27 - Balé

व	ढ	ढ	त	ष	ड	ष	फ	ञ	ल	स	र	◌्	ह	◌ि	र
च	◌ा	र	उ	न	घ	ह	इ	र	द	◌ं	◌ु	स	ऊ	आ	छ
ह	न	ह	र	ट	ढ	स	ध	भ	ञ	ग	घ	न	ब	अ	ध
त	श	ए	व	फ	र	ध	ए	ल	ठ	◌ी	स	ध	ष	भ	भ
ख	त	र	क	◌ा	त	ग	◌ी	◌ं	स	त	ट	ग	र	◌्	ड
ढ	ए	ढ	प	ल	ह	ऊ	त	क	न	◌ी	क	र	◌ा	य	म
ट	ग	य	स	◌े	श	◌ी	ष	ष	ण	ण	व	इ	ट	◌ा	न
थ	म	प	आ	◌ै	ग	छ	ह	ठ	ध	य	ब	र	◌्	स	◌ृ
आ	ण	भ	क	ब	ठ	ल	म	घ	उ	व	र	म	स	घ	त
व	ह	ह	ह	म	क	◌ौ	श	ल	ए	प	ञ	ग	◌्	य	◌्
त	◌ी	व	◌्	र	त	◌ा	त	◌ा	ल	स	◌ू	च	क	श	य
श	छ	उ	ष	त	ए	◌्	न	भ	ध	त	द	ठ	◌े	◌ै	क
घ	ठ	ण	थ	द	थ	र	◌ा	◌ा	श	इ	र	ह	◌्	ल	ल
ब	ऊ	श	ढ	उ	ञ	ह	द	ल	ब	ठ	◌्	ग	र	◌ी	◌ा
न	र	◌्	त	क	◌ि	य	◌ो	◌ं	क	ए	श	उ	ऑ	छ	ख
ण	च	श	व	ध	ड	प	ढ	ए	ऊ	ड	क	य	ग	न	ष

वाहवाही
कलात्मक
बैले
संगीतकार
नृत्यकला
नर्तकियों
रिहर्सल
शैली
सूचक
इशारा

सुंदर
कौशल
तीव्रता
संगीत
ऑर्केस्ट्रा
अभ्यास
दर्शक
ताल
एकल
तकनीक

28 - Adjetivos #1

ध	◌ी	म	◌ा	घ	य	द	ष	व	घ	ष	ब	ए	उ	र	र
अ	आ	क	र	◌्	ष	क	क	न	◌ि	◌ु	ध	आ	द	ग	ह
व	◌ं	व	उ	श	फ	उ	◌्	त	भ	द	ख	म	◌ा	व	स
ड	ष	ध	ञ	म	स	ढ	प	म	र	आ	ण	◌ू	र	छ	◌्
ग	ढ	स	◌े	ड	व	फ	◌े	त	फ	त	थ	ल	द	ण	य
ड	ख	र	ट	र	ट	ख	र	◌्	ल	प	ख	◌्	◌ा	च	म
ष	ल	ष	ठ	र	◌ा	◌ु	◌ि	त	श	◌ा	ग	य	न	ऊ	य
इ	ढ	ह	भ	ल	ध	श	न	उ	◌ा	श	◌ं	व	◌ा	भ	श
य	आ	व	छ	व	ल	ब	ब	ड	◌ि	ब	भ	◌ा	म	◌ा	ष
ढ	स	ऊ	स	फ	स	◌ू	ञ	म	व	ल	◌ी	न	ई	र	थ
घ	फ	स	ड	श	ब	द	इ	छ	ख	त	र	ण	ठ	◌ी	ण
ख	भ	व	फ	◌ी	च	◌ा	ठ	म	च	ण	आ	उ	ग	च	ब
ग	ग	त	ठ	द	भ	र	थ	स	ए	छ	ब	भ	ए	ऊ	ऊ
प	ष	त	ध	◌े	इ	थ	घ	क	म	त	◌्	◌ा	ल	क	न
ड	आ	ग	छ	◌ि	ध	ञ	ऊ	ड	न	◌ा	घ	स	ठ	ग	इ
म	ह	त	◌्	व	प	◌ू	र	◌्	ण	छ	न	ब	ड	◌़	◌ा

निरपेक्ष
खुशबूदार
कलात्मक
आकर्षक
विशाल
अंधेरा
विदेशी
पतला
उदार
बड़ा

ईमानदार
समान
महत्वपूर्ण
धीमा
रहस्यमय
आधुनिक
उत्तम
भारी
गंभीर
मूल्यवान

29 - Psicologia

य	ल	थ	ष	व	ठ	ड	य	स	उ	र	अ	स	म	व	स
इ	स	ए	ल	ट	◌्	भ	भ	त	त	च	न	ण	◌ू	◌ा	न
अ	ह	◌ं	क	◌ा	र	य	उ	श	भ	व	◌ु	ट	ल	स	स
च	उ	प	आ	ब	द	ट	क	◌ं	स	आ	भ	ब	◌्	◌्	न
ढ	◌ि	र	त	त	व	छ	न	◌्	च	फ	◌ू	थ	य	त	◌ी
ग	ब	क	न	र	ढ	ऊ	◌ि	ब	त	भ	त	ष	◌ा	व	म
ट	र	च	◌ि	छ	आ	ब	द	ह	ऊ	◌ि	◌ि	भ	◌ं	◌ि	भ
घ	स	म	प	त	ध	इ	◌ा	ड	ध	ल	त	म	क	क	◌ा
त	च	ण	उ	न	◌्	ढ	◌ै	ण	इ	ठ	इ	◌्	न	त	व
प	◌्	र	भ	◌ा	व	स	न	ड	ढ	ख	प	न	व	◌ा	न
ब	◌े	ह	◌ो	श	फ	ठ	◌ा	ल	ष	अ	ल	छ	व	त	◌ा
स	द	व	म	फ	व	◌ि	च	◌ा	र	न	फ	म	भ	श	ए
व	त	व	◌्	य	व	ह	◌ा	र	◌्	◌ु	छ	स	ख	ह	◌ँ
न	◌ि	य	◌ु	क	◌्	त	◌ि	ऊ	घ	भ	फ	इ	य	उ	उ
ण	स	प	न	◌े	य	श	श	ब	◌ं	व	छ	इ	न	ब	ए
इ	ड	च	प	ष	इ	ख	त	ल	स	छ	व	प	व	आ	ग

मूल्यांकन
नैदानिक
व्यवहार
नियुक्ति
संघर्ष
अहंकार
भावनाएँ
अनुभव
बेहोश
बचपन
प्रभाव
विचार
अनुभूति
व्यक्तित्व
संकट
वास्तविकता
सनसनी
सपने
चिकित्सा

30 - Paisagens

ग	र	प	व	◌ी	◌्	द	ह	◌ि	म	ख	◌ं	ड	स	न	स
◌्	थ	◌े	ह	स	ल	थ	ड	ट	थ	उ	ऊ	◌़	म	द	श
ल	ण	इ	ग	◌ा	◌ा	छ	ऊ	छ	भ	छ	ण	◌ा	◌ु	◌ी	च
◌े	आ	ख	ड	◌ि	ड	ग	च	च	ट	ख	प	ह	द	ढ	ए
श	व	र	श	ष	स	◌़	र	ध	ख	◌ी	व	प	◌्	थ	म
◌ि	ल	ट	ल	घ	म	◌्	◌ी	ढ	स	म	◌ी	आ	र	ल	ट
य	झ	◌ी	ल	ए	र	त	त	स	म	◌ु	द	◌्	र	त	ट
र	फ	◌ा	◌ु	ग	◌ू	ह	ड	◌ा	थ	ल	◌्	ष	◌ा	द	थ
स	ढ	घ	ग	द	द	प	द	स	न	◌ा	य	ऊ	ड	आ	ब
य	भ	फ	ढ	ल	◌्	आ	स	न	द	व	र	इ	◌्	च	ढ
फ	र	आ	ग	द	य	च	भ	श	न	◌ा	◌ा	ण	◌ं	ब	ग
झ	र	न	◌ा	ल	◌ा	श	स	ख	व	◌्	◌्	ब	◌ु	ख	द
ष	द	च	च	ड	न	च	ण	आ	स	ज	प	ट	ट	प	श
आ	न	ब	ठ	ट	द	ग	ञ	ध	उ	श	ष	घ	ग	प	ख
ए	ल	द	ल	ष	ग	ए	उ	य	ट	ग	श	च	स	र	ग
ख	◌ा	ड	◌़	◌ी	घ	छ	थ	ण	घ	ण	ड	ह	ब	ख	छ

झरना
गुफा
पहाड़ी
रेगिस्तान
ग्लेशियर
खाड़ी
हिमखंड
द्वीप
झील
समुद्र

पहाड़
मरूद्यान
सागर
दलदल
प्रायद्वीप
समुद्र तट
नदी
टुंड्रा
घाटी
ज्वालामुखी

31 - Dança

क	त	◌ि	क	◌ृ	स	◌्	◌ं	◌ा	स	भ	स	घ	ठ	य	अ
ल	ठ	ग	फ	ल	स	त	स	ह	ग	◌ा	त	◌ू	ण	त	क
◌ा	त	थ	◌ी	◌ा	स	प	घ	प	फ	व	ख	फ	च	न	◌ा
न	ग	◌ा	ष	◌ं	ल	आ	स	न	भ	न	ब	म	ढ	क	द
◌ृ	र	घ	ल	ञ	स	उ	ण	द	फ	◌ा	ग	य	ष	प	म
त	◌ा	ट	ढ	य	र	◌ी	त	◌्	स	◌्	◌ा	श	स	ग	◌ी
◌्	प	◌ा	◌ृ	क	◌्	र	◌ि	च	न	ऊ	ग	◌्	छ	ध	ट
य	◌ं	द	ष	य	ह	च	क	प	छ	ल	थ	◌ृ	ध	व	थ
क	र	आ	ए	प	◌ि	इ	◌ृ	श	ठ	त	ख	द	ग	त	इ
ल	प	त	ल	इ	र	ह	स	ट	ट	ञ	श	र	◌ी	र	ण
◌ा	ण	व	र	श	ट	न	◌्	ट	ह	र	ड	घ	घ	च	न
ह	र	◌्	ष	◌ि	त	ष	◌ं	व	ध	भ	ह	थ	ध	ञ	ऊ
व	म	भ	उ	न	ह	घ	स	ड	ठ	थ	ट	ट	घ	छ	आ
त	ब	त	श	ठ	श	ल	ल	ख	घ	ख	ढ	ख	ब	ण	ध
ग	त	◌ि	इ	भ	ध	व	व	ब	द	व	ञ	ट	ग	ञ	ऊ
ए	ए	थ	ढ	द	ष	व	ठ	ण	ध	ढ	थ	ध	प	ठ	ष

अकादमी
हर्षित
कला
शास्त्रीय
नृत्यकला
शरीर
संस्कृति
सांस्कृतिक
भावना
रिहर्सल
सूचक
कृपा
गति
संगीत
साथी
आसन
ताल
परंपरागत
दृश्य

32 - Nutrição

भ	उ	थ	स	ष	क	आ	प	त	ल	◌ि	त	◌ु	◌ं	स	क
द	◌ू	ञ	◌ा	ग	ड	ए	◌्	उ	आ	र	त	व	च	◌्	◌ै
ष	ढ	ख	म	त	◌़	र	र	◌ा	ह	आ	य	ष	◌ि	व	ल
भ	ठ	ञ	ग	र	व	ए	◌ो	क	ण	ध	ख	च	ल	◌ा	◌ो
आ	त	ह	◌्	ल	◌ा	ए	ट	स	ट	ब	आ	इ	उ	स	र
र	आ	ढ	र	प	त	आ	◌ी	व	◌्	◌ि	ण	ट	ण	◌्	◌ी
ल	त	उ	◌ो	द	ब	ट	न	ज	व	व	ष	त	ञ	थ	भ
व	ण	ड	भ	◌ा	क	◌ि	ण	◌्	व	न	स	◌्	ड	◌्	स
र	म	भ	य	र	ग	थ	ल	प	◌ा	च	न	◌्	◌ु	य	स
स	ख	य	ह	◌्	◌ु	फ	ग	द	श	ल	म	ण	थ	प	ल
आ	ञ	थ	ख	थ	ण	य	ह	इ	ट	ञ	◌ि	ह	ड	य	भ
ह	ए	त	◌ा	द	व	◌ा	◌्	स	ऊ	ब	ट	ण	भ	स	थ
ड	ध	द	द	आ	त	श	ऊ	उ	त	ख	◌ा	ख	थ	ञ	ऊ
ल	ड	ण	◌्	ष	◌्	उ	ध	ध	थ	ढ	◌ि	ह	म	ढ	घ
आ	ह	त	य	त	त	च	ट	न	◌ी	ह	व	य	ड	ट	ब
थ	प	भ	न	ष	◌ा	आ	ऊ	व	स	द	घ	आ	उ	ए	ल

कड़वा
भूख
कैलोरी
खाद्य
आहार
पाचन
संतुलित
किण्वन
सामग्री
तरल पदार्थ
चटनी
पुष्टिकर
वजन
प्रोटीन
गुणवत्ता
स्वाद
स्वस्थ
स्वास्थ्य
विष
विटामिन

33 - Energia

प	भ	ढ	ह	म	◌ो	ट	र	ष	ह	घ	छ	ट	ग	ड	त
इ	◌्	ण	आ	◌ा	त	च	उ	भ	भ	ग	ध	उ	ह	ड	छ
भ	श	र	इ	व	इ	ष	म	ग	ण	ए	ग	ह	प	इ	त
ए	र	व	द	ह	आ	ड	◌ी	ञ	च	स	ड	ख	ठ	ल	उ
द	ख	य	ञ	◌ू	य	ब	◌्	थ	ए	प	उ	द	न	◌े	त
ख	स	◌ा	न	ऊ	ष	न	र	र	र	इ	ट	न	न	क	◌्
त	ड	◌्	न	ञ	श	ण	ग	अ	◌ो	ह	न	घ	ण	◌्	क
छ	य	र	◌्	◌ू	स	फ	व	क	ल	ज	◌ी	ड	म	ट	◌्
ए	प	प	श	म	य	म	ध	◌्	घ	ह	न	म	ई	◌्	र
त	र	आ	म	ऊ	क	स	ष	ष	व	ञ	भ	च	◌ं	र	म
स	ख	ट	ष	य	◌ी	र	ग	य	◌ो	◌्	द	उ	ध	◌ॉ	म
फ	प	उ	द	ऊ	भ	क	◌ा	र	◌्	ब	न	व	न	न	◌ा
ढ	◌ो	य	प	ब	◌ि	ज	ल	◌ी	ट	आ	थ	थ	य	न	प
प	स	ट	ण	व	◌ा	व	य	व	फ	फ	व	इ	ख	ष	घ
ढ	ख	त	◌ो	फ	न	ल	◌ी	स	◌ो	◌ै	ग	ठ	ड	उ	ड
त	ट	ञ	द	न	इ	◌ा	ब	र	ट	ब	◌ै	ट	र	◌ी	ल

पर्यावरण
बैटरी
गर्मी
कार्बन
ईंधन
डीजल
बिजली
इलेक्ट्रॉन
उत्क्रम-माप
फोटोन
गैसोलीन
हाइड्रोजन
उद्योग
मोटर
नाभिकीय
प्रदूषण
अक्षय
सूर्य
टरबाइन
हवा

34 - Disciplinas Científicas

ञ	छ	क	न	प	ु	र	ा	त	त	्	व	य	श	क	य
भ	व	ज	ी	ल	ॉ	य	ो	ज	ि	ि	फ	च	र	ा	ा
ू	घ	र	द	त	ऊ	आ	र	ब	त	भ	ल	च	ी	इ	ं
व	र	त	म	ग	ि	र	ए	न	ह	ए	स	ट	र	न	त
ि	ध	्	य	ऊ	ट	थ	ण	य	श	ख	ग	आ	र	्	्
ज	र	स	ा	य	न	व	ि	ज	्	ञ	ा	न	च	स	र
्	म	्	द	प	म	ञ	ध	स	च	ण	ण	स	न	ि	ि
ञ	न	श	्	उ	ो	ध	त	व	्	र	च	ल	ा	य	क
ा	ो	ा	व	घ	स	ष	थ	थ	ठ	र	श	ष	थ	ो	ी
न	व	ज	ि	म	उ	ष	ण	र	ठ	न	ि	र	न	ल	घ
त	ि	ा	ज	ज	ी	व	व	ि	ज	्	ञ	ा	न	ॉ	ग
ल	ज	म	ि	ज	ी	व	र	स	ा	य	न	ए	प	ज	च
त	्	स	न	ञ	ा	ज	्	व	ि	ष	ा	ा	भ	ी	त
न	ञ	य	ख	म	ौ	स	म	व	ि	ज	्	ञ	ा	न	च
ब	ा	ख	ग	ो	ल	व	ि	ज	्	ञ	ा	न	छ	ठ	आ
ड	न	ञ	ा	ज	्	व	ि	क	त	ि	ौ	भ	घ	ण	ख

शरीर रचना
पुरातत्व
खगोल विज्ञान
जीवविज्ञान
जीव रसायन
काइन्सियोलॉजी
पारिस्थितिकी
फिजियोलॉजी
भौतिक विज्ञान
भूविज्ञान
भाषाविज्ञान
यांत्रिकी
मौसम विज्ञान
खनिज विद्या
पोषण
मनोविज्ञान
रसायन विज्ञान
समाज शास्त्र

35 - Meditação

ल	न	ख	र	ण	स	क	स	◌ि	न	◌ा	म	भ	स	स	छ
प	ध	त	घ	द	इ	◌ृ	द	◌ं	ष	य	स	◌ा	◌्	◌्	श
अ	व	ल	◌ो	क	न	त	ल	◌े	ग	द	इ	व	व	प	घ
प	र	इ	त	र	स	ज	ढ	त	न	◌ौ	फ	न	◌ौ	ष	ह
ण	र	न	व	व	आ	◌्	फ	द	त	ह	त	◌ा	क	◌्	न
घ	ष	◌ि	र	फ	द	ञ	र	आ	प	र	द	ए	◌ृ	ट	ड
र	इ	त	प	ब	ए	त	व	◌ि	च	◌ा	र	◌ॅ	त	त	य
ए	र	ग	म	◌्	ड	◌ा	द	र	म	ह	ह	व	◌ि	◌ा	थ
फ	थ	ऊ	ष	ए	र	ढ	ञ	द	भ	फ	ग	ड	ट	ग	ट
थ	स	द	व	थ	त	◌े	ध	◌्	य	◌ा	न	ठ	भ	र	ए
म	ए	ग	त	ह	न	आ	क	ब	ढ	फ	◌ौ	ख	ल	ष	ल
द	उ	त	ऊ	ध	म	न	भ	◌्	थ	त	म	ञ	ध	ल	म
ढ	ग	◌ि	ब	ल	घ	उ	व	भ	ष	घ	स	उ	ऊ	ख	म
श	ग	◌ं	छ	ढ	स	ख	ठ	इ	ए	◌्	श	ह	र	ध	ष
द	य	◌ा	ल	◌ु	त	◌ा	ग	च	ठ	म	य	घ	घ	ण	ए
न	ड	श	ज	प	◌्	र	क	◌ृ	त	◌ि	ट	भ	घ	प	य

स्वीकृति
जाग
ध्यान
दयालुता
स्पष्टता
दया
भावनाएँ
कृतज्ञता
आदतें
मानसिक
मन
गति
संगीत
प्रकृति
अवलोकन
शांति
विचार
परिप्रेक्ष्य
आसन
मौन

36 - Artes Visuais

प	म	द	ह	न	म	ह	ट	ल	क	स	र	द	ऊ	प	फ
च	◌े	इ	स	इ	फ	घ	छ	ध	ल	ध	च	थ	म	व	◌ि
◌ि	ध	◌ं	क	◌ृ	त	◌ि	ड	क	◌ा	च	न	ध	व	ञ	ल
त	छ	ढ	स	व	फ	द	थ	ल	क	ब	◌ा	घ	थ	भ	◌्
◌्	छ	त	र	◌ि	म	उ	ए	फ	◌ा	ख	त	ड	र	ड	म
र	आ	आ	त	आ	ल	◌ि	आ	र	र	आ	◌्	ट	आ	ग	ख
क	छ	ध	ल	ख	श	ष	ट	त	त	ख	म	म	प	ठ	भ
◌ा	श	ल	◌ा	क	त	◌ु	स	◌्	◌ा	व	क	र	◌ो	ठ	स
र	न	त	ञ	व	ए	र	श	◌ि	ट	आ	त	ऊ	ऊ	म	ऊ
◌ी	◌ि	ब	य	प	ग	ख	ञ	च	ल	◌ी	◌ा	म	ब	प	च
ब	र	उ	य	ष	◌्	क	◌्	र	◌े	प	◌्	◌ि	र	प	◌ि
स	◌्	ट	◌ै	◌ं	स	◌ि	ल	च	च	फ	घ	ञ	व	ठ	त
ग	◌ा	ण	ट	श	छ	उ	प	न	फ	आ	ह	क	◌ी	य	◌्
ख	व	स	घ	ख	ड	न	ञ	◌ा	ऊ	प	ग	ल	◌्	ञ	र
य	स	द	म	◌ू	र	◌्	त	◌ि	क	ल	◌ा	म	स	स	ब
ल	श	ष	ब	व	र	ख	आ	ल	स	आ	त	स	त	ञ	ख

मिट्टी
वास्तुकला
कलाकार
कलम
चित्रफलक
मोम
रचना
रचनात्मकता
मूर्तिकला
स्टेंसिल
फिल्म
तस्वीर
चाक
पेंसिल
कृति
परिप्रेक्ष्य
चित्रकारी
चित्र
वार्निश

37 - Moda

स	व	क	ट	◌ी	◌ु	ब	ढ	ट	ण	ष	ऊ	ब	ञ	ड	श
स	ढ	य	त	घ	च	थ	भ	ख	ध	ट	प	ऊ	य	ख	◌ै
◌्	घ	द	त	ल	ख	ड	ष	भ	इ	थ	ह	ञ	ऊ	श	ल
त	ग	◌ा	◌ं	ह	म	त	न	य	◌ू	◌्	न	ञ	ष	द	◌ी
◌ी	इ	म	ञ	ल	ञ	श	आ	ह	ऊ	ए	ए	त	ञ	◌े	ट
ट	व	◌ा	न	ब	ड	इ	ग	श	म	आ	ण	च	आ	◌़	ट
ट	◌्	र	◌े	◌ं	ड	भ	उ	ल	छ	◌ा	ष	ब	ठ	ड	ट
फ	घ	आ	क	उ	फ	स	र	ल	◌ू	म	प	ढ	प	प	ण
य	ध	च	ब	न	व	◌्	य	◌ा	व	ह	◌ा	र	◌ि	क	न
स	◌ु	र	◌ु	च	◌ि	प	◌ू	र	◌्	ण	ब	ट	न	द	न
उ	भ	प	ष	ठ	ऊ	◌ु	ढ	उ	ल	द	ए	प	र	ख	क
भ	थ	घ	व	ध	ढ	प	ध	न	म	ष	द	ट	न	ए	ढ
द	ह	ष	प	ण	आ	ग	प	आ	व	ञ	ढ	थ	इ	घ	◌़
फ	◌ी	त	◌ा	ढ	न	स	च	म	◌ा	म	◌ू	ल	◌ी	ल	◌ा
श	फ	न	य	छ	ड	थ	ठ	द	ह	ढ	न	ह	ष	इ	ई
न	स	ष	फ	फ	फ	छ	छ	घ	घ	छ	न	ऊ	द	फ	व

सस्ती
कढ़ाई
बटन
बुटीक
महंगा
आरामदायक
सुरुचिपूर्ण
शैली
माप
न्यूनतम
आधुनिक
मामूली
मूल
व्यावहारिक
फीता
सरल
कपड़े
ट्रेंड
बनावट

38 - Adjetivos #2

ध	उ	द	फ	व	ऊ	प	द	थ	क	र	थ	थ	व	ख	स
व	र	य	थ	य	त	ू	ब	ज	म	न	क	य	ि	त	ा
छ	च	स	ढ	स	ञ	द	ट	ऊ	त	ञ	त	च	श	ञ	ध
द	ि	ल	च	स	्	प	ध	द	्	स	ि	र	्	प	ा
न	ग	स	ू	ख	ा	व	द	फ	ा	ज	क	द	व	ण	र
ी	य	र	ड	र	ऊ	्	्	ण	न	ं	ृ	ा	स	ष	ण
क	व	ा	म	व	व	र	ु	स	च	ग	र	म	न	ठ	र
म	छ	म	प	र	ष	ग	श	भ	र	ल	ा	े	ी	उ	्
न	ध	छ	द	्	व	ब	घ	च	ष	ी	्	म	य	प	प
य	ठ	त	थ	ण	फ	ह	स	य	द	ढ	प	्	ल	ह	ू
श	ड	श	थ	न	ल	आ	ढ	ड	श	र	ग	ि	ऊ	ा	च
ट	ठ	ल	छ	ा	उ	त	्	प	ा	द	क	ज	ठ	र	ि
छ	थ	ष	ड	त	ट	त	उ	ट	ए	थ	र	ह	छ	द	र
ख	थ	ढ	ल	्	छ	स	ण	द	श	ख	ठ	उ	थ	ि	ु
फ	य	ए	ष	म	ग	प	ड	ण	ऊ	ढ	थ	त	ग	य	ु
ध	आ	आ	च	क	इ	ब	आ	ए	उ	ड	ट	ड	ख	ा	स

विश्वसनीय
रचनात्मक
वर्णनात्मक
उपहार दिया
सुरुचिपूर्ण
प्रसिद्ध
मजबूत
दिलचस्प
प्राकृतिक
साधारण

नया
गर्व
उत्पादक
शुद्ध
गरम
जिम्मेदार
नमकीन
स्वस्थ
सूखा
जंगली

39 - Roupas

ञ	ज	आ	न	ब	ठ	ष	प	◌ौ	◌ो	ट	ध	फ	ध	ड	स
ए	◌ै	च	क	म	◌ी	ज	ए	◌ा	व	स	घ	ल	ष	ब	◌ै
ग	क	श	◌ा	◌ो	प	ख	प	य	ज	श	ण	ग	र	व	◌ं
ऊ	◌े	ह	ढ	ए	ष	ए	◌्	उ	इ	◌ा	फ	थ	ख	ञ	ड
द	ट	र	◌्	क	◌्	स	र	◌ा	ह	क	म	◌ै	ए	म	ल
स	ल	◌ं	फ	ध	ष	क	न	ए	ख	◌ं	म	◌ा	श	ठ	आ
◌्	◌्	श	◌ै	ऊ	प	◌ो	य	ञ	ऊ	ग	ह	श	स	न	घ
त	◌े	ल	श	प	भ	ट	ण	ह	ए	न	र	प	ञ	ज	द
◌ा	ब	प	ष	य	न	घ	ल	ख	प	ढ	य	श	ष	◌ी	म
न	ख	ढ	आ	म	द	ण	ञ	र	प	च	आ	ण	फ	न	ब
◌े	भ	ह	घ	ष	ध	म	प	च	आ	ह	ड	फ	ण	◌्	द
ल	इ	च	द	छ	व	ज	◌ू	त	◌ा	प	ड	ऊ	ढ	स	ढ
फ	ग	श	ञ	द	ण	छ	म	◌ो	ज	◌े	च	उ	स	भ	भ
ढ	च	ख	ए	ल	ब	◌्	ल	◌ा	उ	ज	ग	त	र	ऊ	ग
ख	ञ	स	ञ	ध	प	द	ध	स	◌्	व	◌े	ट	र	स	आ
ल	ड	द	म	ग	म	ध	ष	इ	ट	त	घ	य	थ	आ	म

एप्रन
ब्लाउज
पैंट
कमीज
कोट
टोपी
बेल्ट
हार
जैकेट
जीन्स

दस्ताने
मोजे
फैशन
पाजामा
कंगन
स्कर्ट
सैंडल
जूता
स्वेटर
पोशाक

40 - Herbalismo

अ	ज	म	◌ो	द	व	◌ा	◌्	स	ण	ख	क	ब	ए	ब	ड
म	त	ण	प	ठ	छ	म	ग	ढ	द	च	ण	◌ु	घ	उ	म
ऊ	त	ध	फ	थ	ल	न	र	न	◌ौ	फ	र	आ	ठ	ऊ	छ
य	◌ा	◌ि	न	ध	फ	ट	म	ह	न	◌ु	स	ह	ल	र	च
म	र	ड	व	◌े	◌ं	◌ै	ल	घ	◌ौ	व	स	ए	न	ठ	◌ा
क	ग	त	◌ु	ल	स	◌ौ	य	ट	फ	◌ू	ल	व	य	ग	भ
◌े	◌ो	ह	र	◌ा	र	ह	व	क	ल	◌ा	भ	क	◌ा	र	◌ी
स	न	ब	ब	ध	घ	व	आ	स	ठ	फ	उ	च	व	ञ	त
र	ख	ढ	ष	ग	थ	ग	ञ	इ	इ	श	इ	ह	ज	ह	स
ढ	त	च	ल	भ	◌ौ	र	◌ु	य	ग	स	द	इ	अ	द	ड
प	ऊ	ढ	य	ऊ	द	च	ग	ण	ध	आ	ख	च	ढ	र	त
ध	ख	ल	प	ए	ह	र	◌ा	ख	व	फ	छ	स	ण	फ	घ
ख	◌ु	श	ब	◌ू	द	◌ा	र	ऊ	प	त	ए	ए	च	ण	आ
स	◌ौ	◌ं	फ	उ	व	ए	ष	ग	ह	ह	◌्	ग	फ	ग	फ
प	◌ौ	ध	◌ा	ढ	ध	ट	फ	ब	र	ष	ऊ	त	ऊ	थ	य
न	ष	ल	ए	र	ड	च	ह	ट	य	य	ख	प	◌ा	प	च

केसर
दौनी
लहसुन
खुशबूदार
लाभकारी
धनिया
तारगोन
फूल
सौंफ
घटक

बगीचा
लैवेंडर
तुलसी
कुठरा
पौधा
गुणवत्ता
स्वाद
अजमोद
अजवायन
हरा

41 - Arqueologia

ट	ज	श	◌ं	व	व	ब	घ	ण	ड	र	म	◌ं	द	◌ि	र
र	◌ु	◌ी	ल	प	ल	स	य	भ	च	ह	य	त	फ	श	ठ
घ	न	क	व	म	आ	य	◌्	ड	घ	स	व	छ	स	◌ो	ख
इ	ऊ	ण	ड	◌ा	ष	ड	ए	त	ए	◌्	भ	ठ	च	ध	ख
ल	ल	ष	स	◌़	श	आ	भ	य	◌ु	य	ए	ब	ष	क	इ
ट	ष	न	ठ	श	◌े	◌्	आ	भ	ढ	ओ	ण	श	ख	र	उ
द	छ	छ	ढ	स	श	ख	म	न	उ	आ	◌ं	प	त	◌्	भ
व	ठ	ष	ह	ग	स	ह	ड	◌्	ड	◌ि	य	◌ो	◌ं	त	◌ु
द	त	◌ा	य	◌्	भ	स	र	इ	ञ	स	त	ह	च	◌ा	ल
स	◌ा	ल	म	◌ू	ल	◌्	य	◌ा	◌ं	क	न	आ	श	ग	◌ा
न	न	◌ा	ज	न	अ	ट	◌ी	म	अ	व	श	◌े	ष	ब	द
ध	त	उ	ख	न	च	र	व	◌ि	श	◌्	ल	◌े	ष	ण	◌ि
र	र	व	◌ि	श	◌े	ष	ज	◌्	ञ	ष	फ	र	त	ह	य
ञ	◌ा	इ	प	ल	भ	ख	घ	च	ढ	ध	भ	ब	म	त	◌ा
ह	◌ु	ष	य	◌ु	ग	य	ध	छ	ष	ड	ल	क	ब	ड	च
ट	प	आ	ढ	द	प	घ	ए	ऊ	ड	र	ञ	म	ञ	इ	प

विश्लेषण
साल
पुरातनता
मूल्यांकन
सभ्यता
वंशज
अनजान
टीम
युग
विशेषज्ञ
भुला दिया
जीवाश्म
टुकड़े
शोधकर्ता
रहस्य
वस्तुओं
हड्डियों
अवशेष
मंदिर
मकबरे

42 - Esporte

ख	ल	ठ	ध	ष	फ	म	अ	ण	ब	ग	ब	ट	ध	उ	ह
य	ट	ह	ल	न	◌ा	◌ा	द	ध	ए	ऊ	ख	ञ	ञ	च	व
थ	इ	ख	ह	ख	ठ	◌ं	ह	श	◌ि	ब	च	ष	ब	ख	ण
◌्	ए	ह	◌ृ	ढ	ड	स	ब	ख	ठ	क	ए	प	ष	ध	ण
स	ह	न	द	ध	स	प	श	घ	ण	घ	त	क	◌ा	त	ट
◌्	स	ट	य	ध	प	◌े	ब	छ	स	थ	◌ा	म	त	छ	आ
व	◌ा	ग	ण	ष	घ	श	स	ऊ	आ	ञ	म	ट	घ	ञ	ह
◌ा	इ	द	ड	ट	इ	◌ि	ऊ	श	स	ष	ष	ठ	ग	स	◌ा
◌्	क	ख	थ	ल	र	य	◌ो	◌ं	ड	◌ि	◌्	ड	ह	स	र
स	◌ि	ह	त	न	ख	◌ो	च	◌ो	क	आ	क	य	छ	ए	आ
ग	ल	म	ल	◌े	ख	◌ं	र	प	ध	र	त	श	द	ऊ	ठ
ण	च	र	भ	क	ड	◌़	◌ी	ल	◌ा	◌ि	ख	इ	ह	व	न
प	ल	ञ	ड	र	◌्	म	र	क	◌्	य	र	◌्	◌ा	क	◌ृ
◌ो	◌ा	छ	श	श	घ	ष	श	ढ	द	ट	च	व	ए	ध	त
ष	न	प	प	ड	उ	प	◌्	ध	ए	व	फ	फ	घ	स	◌्
ण	◌ा	र	ब	ग	य	ञ	ठ	य	ठ	द	र	ख	ख	न	य

खिलाड़ी
क्षमता
हृदय
साइकिल चलाना
शरीर
नृत्य
आहार
खेल
ताकत
टहलना
अधिकतम
चयापचय
मांसपेशियों
पोषण
लक्ष्य
हड्डियों
कार्यक्रम
सहन
स्वास्थ्य
कोच

43 - Agronomia

ड	घ	ग	श	भ	ध	न	ष	व	द	स	ब	श	उ	प	क
स	ब	्	ज	ि	य	ा	ं	ि	न	ि	प	ढ	ड	ढ	न
च	फ	ठ	ड	ब	ध	च	य	ज	म	स	ष	उ	आ	क	ि
न	ण	आ	प	ख	स	ह	य	्	ष	्	ऊ	घ	ज	ी	ब
श	स	प	ध	ौ	ए	प	द	ञ	ण	ट	ष	ए	न	त	र
ञ	ह	प	य	इ	ध	ढ	स	ा	ध	म	ट	ढ	उ	ि	्
ढ	व	त	क	प	र	े	ट	न	उ	उ	ी	क	च	थ	ा
प	इ	भ	ृ	प	्	र	द	ू	ष	ण	ऊ	र	ढ	ि	क
क	र	स	ष	ट	ट	आ	न	ष	न	ञ	र	व	ा	स	श
ट	ख	्	ि	व	ण	र	च	भ	ध	ञ	्	्	प	्	भ
ा	ह	ध	य	उ	त	्	प	ा	द	न	ज	र	ा	र	ग
व	ड	च	ल	ा	म	आ	ञ	ऊ	आ	भ	ा	उ	न	ि	ो
ग	इ	ह	र	ए	व	इ	ध	य	ग	छ	श	ध	ी	ा	ं
ढ	य	ल	ञ	च	ल	र	थ	ब	आ	ष	ख	ड	उ	प	ो
व	ि	क	ा	स	ब	छ	ण	ध	ग	ग	न	भ	आ	ल	र
ट	ष	द	ट	ि	क	ा	ऊ	ढ	च	ह	उ	उ	ऊ	प	ल

कृषि
पर्यावरण
पानी
विज्ञान
विकास
रोगों
पारिस्थितिकी
ऊर्जा
कटाव
उर्वरक
पहचान
सब्जियां
कार्बनिक
पौधे
प्रदूषण
उत्पादन
ग्रामीण
बीज
सिस्टम
टिकाऊ

44 - Frutas

प	प	◌ी	त	◌ा	भ	न	◌ा	र	◌ि	य	ल	द	ए	ख	ए
ड	फ	व	◌ी	◌ी	क	छ	म	ड	ठ	श	◌ा	य	ल	न	फ
ध	स	ब	प	फ	उ	च	र	ख	भ	म	◌े	फ	र	◌ा	श
ल	◌ू	त	◌ा	◌़	फ	श	ब	◌ी	ह	अ	क	र	त	र	छ
ल	थ	म	श	ह	ए	ठ	◌्	स	◌े	ब	◌ं	य	भ	◌ं	र
ए	ब	आ	◌ा	न	घ	म	ल	ह	च	ब	न	ज	प	ग	उ
ण	ए	भ	न	द	ल	प	◌ै	इ	स	ठ	ण	◌ी	◌ी	◌ी	ण
च	◌े	र	◌ी	ग	ड	◌ो	क	◌ा	◌ो	व	ए	च	◌ं	र	न
इ	स	छ	ब	ध	स	स	ब	अ	◌ं	ग	◌ू	र	न	ब	म
स	छ	ण	◌ा	ष	ठ	आ	◌े	छ	म	आ	ध	ल	ख	म	◌ू
द	प	य	◌ु	ध	र	र	र	न	न	द	ग	प	ए	च	प
द	र	ठ	ख	छ	आ	स	◌ी	इ	द	द	म	य	उ	छ	द
ध	न	आ	ल	इ	भ	भ	म	भ	ऊ	ल	ट	ग	ग	ब	छ
ञ	ष	ढ	त	ठ	द	र	आ	ड	◌़	◌ू	ब	व	म	छ	र
ब	ब	ए	ण	न	ऊ	◌ी	अ	न	न	◌्	न	◌ा	स	इ	स
स	ड	ग	ए	घ	इ	ध	छ	छ	श	घ	घ	छ	ड	च	ह

एवोकाडो
अनन्नास
ब्लैकबेरी
बेरी
केला
चेरी
नारियल
खुबानी
अंजीर
रसभरी
कीवी
नारंगी
नींबू
सेब
पपीता
आम
शफ़तालू
नाशपाती
आड़
अंगूर

45 - Corpo Humano

म	च	ण	त	घ	त	◌्	क	र	ष	ह	ट	ह	म	ह	फ
च	◌ा	आ	उ	य	◌ु	ए	◌ा	◌ो	ट	◌ा	◌ा	आ	◌ुँ	आ	य
व	व	थ	ध	ठ	ण	ट	न	श	ह	थ	◌ं	ण	◌ं	ढ	ह
ख	◌्	व	◌ा	ल	य	◌े	न	ध	ण	न	ग	ह	ह	प	ब
त	त	ग	र	◌्	द	न	प	◌ा	थ	ल	◌ो	ग	◌ं	उ	ञ
स	आ	ढ	घ	ए	म	ख	ट	◌ं	भ	भ	द	च	ट	ट	घ
घ	ट	स	ख	व	भ	ट	प	क	ड	ब	◌ि	ट	ख	प	र
ब	व	श	ए	ठ	ऊ	उ	ढ	ष	ब	ब	ल	त	ठ	व	ब
घ	ष	ल	ष	थ	फ	ए	न	इ	ग	ञ	ह	स	◌ि	र	क
ह	घ	र	ट	र	ब	ष	ण	न	ख	थ	प	प	आ	ल	◌ा
ध	घ	ल	छ	न	ष	थ	ट	ष	ध	इ	ब	आ	ह	घ	न
स	थ	थ	य	र	ण	फ	ल	श	द	◌ि	म	◌ा	ग	ठ	ह
ध	म	च	प	घ	भ	य	ट	प	घ	य	द	◌़	फ	◌ो	ष
भ	ढ	ह	छ	ल	ख	ग	ड	च	प	भ	आ	ड	ञ	ड	ब
ञ	छ	य	द	स	ठ	थ	ध	ख	स	ए	◌ं	ब	थ	◌़	ट
ट	र	न	इ	ख	र	श	ड	फ	ह	च	ख	ज	र	◌ों	ग

मुँह
सिर
दिमाग
दिल
कोहनी
उंगली
घुटना
जबड़ा
हाथ
नाक

आंख
कंधा
कान
त्वचा
टांग
गर्दन
ठोड़ी
रक्त
माथा
टखने

46 - Caminhada

फ	ज	उ	ड	म	ड	अ	आ	ड	श	स	ट	द	ण	थ	त
व	◌ा	त	इ	र	◌े	भ	ज	ल	व	◌ा	य	◌ु	फ	क	ख
व	न	◌ी	◌ा	प	र	◌ि	ल	◌ी	स	इ	◌्	इ	इ	ग	व
आ	व	त	ग	इ	◌ा	व	म	ग	न	श	ब	क	आ	य	ड
ह	र	◌ी	◌ा	भ	ड	◌ि	◌ौ	◌ं	ष	घ	ठ	ठ	न	◌ा	ण
ट	◌ो	व	इ	ष	◌ा	न	स	ज	ऊ	उ	ट	न	आ	ख	र
न	◌ं	प	त	ड	ल	◌्	म	न	म	ख	इ	ज	◌ू	त	◌े
ब	ट	ह	आ	द	न	य	ड	च	ए	थ	श	भ	ए	ढ	द
ख	श	◌ा	ल	ट	◌ा	◌ा	इ	स	ष	ड	ऊ	ऊ	उ	ञ	ण
त	प	ड	◌्	प	छ	स	प	त	◌्	थ	र	न	त	म	श
र	प	◌़	घ	ट	◌ा	व	व	श	च	प	स	त	ड	ण	य
◌ा	ड	ण	स	उ	च	र	◌ी	य	◌ा	◌ै	त	स	म	च	ठ
◌ं	श	ख	ख	र	द	ष	◌्	ण	ढ	ष	ष	◌ू	घ	उ	ठ
व	ब	ह	भ	छ	च	ठ	त	क	श	ञ	इ	र	ञ	र	ह
आ	ल	ध	प	◌्	र	क	◌ृ	त	◌ि	स	ड	◌्	ऊ	ल	ए
ठ	थ	इ	फ	श	फ	ढ	ढ	ए	न	छ	ए	य	श	स	न

डेरा डालना
जानवरों
पानी
जूते
थक गया
जलवायु
गाइड
नक्शा
पहाड़
प्रकृति
अभिविन्यास
पार्क
पत्थर
चट्टान
खतरों
भारी
तैयारी
जंगली
सूर्य
मौसम

47 - Biologia

म	ल	प	व	प	ध	द	उ	ल	घ	य	ढ	अ	फ	र	ब
श	म	◌ौ	स	◌ि	ड	र	द	व	ह	ह	ऊ	स	थ	य	◌ै
घ	भ	ध	न	◌ि	क	प	ष	ख	छ	फ	न	म	ऊ	उ	क
ह	न	◌े	ट	ष	म	◌ा	ग	र	न	ग	◌्	स	प	घ	◌्
ध	फ	श	◌ौ	प	ड	◌्	स	ञ	ऊ	ध	य	र	ञ	ग	ट
घ	ण	उ	र	प	भ	ह	ब	ट	ड	ञ	◌ू	उ	छ	घ	◌ी
इ	घ	ढ	◌ो	ड	ह	ड	न	◌ा	च	र	र	◌ी	र	श	र
ञ	ट	व	◌्	भ	◌्	र	◌ू	ण	य	ल	◌ॉ	उ	ठ	श	◌ि
त	य	◌ी	प	◌ा	न	त	◌्	स	ख	◌ो	न	स	य	ण	य
क	त	◌ि	क	◌ृ	र	◌ा	◌्	प	श	च	स	फ	ए	थ	◌ा
ष	◌ो	स	र	◌ौ	स	◌ृ	प	द	प	ल	ढ	◌ि	थ	ठ	य
ध	इ	ल	उ	ए	◌ं	ज	◌ा	इ	म	स	द	ब	स	ठ	छ
ञ	र	◌े	◌े	इ	ए	ढ	व	ग	◌ु	ण	स	◌ू	त	◌्	र
घ	त	स	ष	ज	उ	त	◌्	प	र	◌ि	व	र	◌्	त	न
व	ढ	ष	न	य	न	म	◌ो	र	◌्	◌ा	ह	र	म	ष	ऊ
अ	न	◌्	त	र	◌्	ग	◌्	र	थ	न	ठ	ढ	र	ए	प

शरीर रचना
बैक्टीरिया
सेल
कोलेजन
गुणसूत्र
भ्रूण
एंजाइम
विकास
हार्मोन
स्तनपायी
उत्परिवर्तन
प्राकृतिक
नस
न्यूरॉन
असमस
पौधे
प्रोटीन
सरीसृप
सिम्बायोसिस
अन्तर्ग्रथन

48 - Beleza

स	ु	र	ु	च	ि	प	ू	र	्	ण	स	च	ञ	ञ	ल
त	भ	आ	य	छ	ह	ख	म	उ	उ	फ	े	त	व	व	ि
त	य	ह	ब	प	ञ	ण	ए	ञ	त	ढ	व	र	े	र	प
ण	म	ख	द	ह	ड	छ	घ	ध	आ	्	ा	ं	फ	ल	स
य	त	्	ल	ि	ा	ल	प	भ	ञ	ऊ	प	ग	न	थ	्
र	्	स	्	ट	ा	इ	ल	ि	स	्	ट	ा	न	च	ट
प	व	ब	घ	य	न	द	ष	थ	छ	ल	ब	त	द	ञ	ि
अ	च	आ	क	र	्	ष	ण	छ	स	घ	ड	ञ	ग	ो	क
क	ा	थ	ड	ट	ष	ञ	ख	ख	त	उ	ब	य	ष	ठ	ं
े	ा	ख	ु	श	ब	ू	च	ि	क	न	ा	ण	ण	य	स
म	द	ज	ए	ठ	न	ग	भ	च	ग	ढ	आ	ह	फ	ए	र
र	र	भ	ल	्	र	क	फ	ो	ट	ो	ज	े	न	ि	क
च	्	प	ू	म	्	ै	श	थ	च	ध	ऊ	ष	ठ	ऊ	ष
ब	प	ा	ृ	क	ग	ं	य	ग	छ	आ	म	न	त	ञ	थ
च	ण	ष	ग	ध	थ	च	म	ध	प	थ	थ	ध	फ	श	आ
द	ञ	द	इ	ख	ए	ौ	व	ए	ब	द	ण	घ	ञ	न	ञ

लिपास्टेक
कर्ल
आकर्षण
रंग
सुरुचिपूर्ण
लालित्य
दर्पण
स्टाइलिस्ट
फोटोजेनिक
खुशबू

कृपा
मेकअप
तेल
त्वचा
उत्पादों
काजल
सेवा
चिकना
कैंची
शैम्पू

49 - Filantropia

न	ल	ण	छ	उ	श	थ	इ	उ	ट	उ	द	भ	द	ष	च
इ	त	द	व	त	ऊ	क	न	◌ि	ज	व	र	◌्	◌ा	स	छ
ड	त	◌ा	र	◌ा	द	उ	प	थ	श	घ	ए	ल	न	ञ	ए
म	◌्	◌ि	ड	ई	म	◌ा	न	द	◌ा	र	◌ी	श	क	ण	त
ए	◌ि	ण	ह	स	म	◌ु	द	◌ा	य	भ	स	ठ	र	स	ठ
व	व	ऊ	स	◌ा	ढ	घ	त	श	छ	इ	य	ल	न	च	द
स	ल	ञ	च	म	स	ल	ठ	ट	छ	ग	◌ो	ल	◌ा	आ	ण
ध	न	क	◌े	र	◌ू	ए	ष	छ	र	य	◌ं	ष	ण	भ	ख
उ	श	व	◌्	य	र	ह	म	◌ा	न	व	त	◌ा	ट	ह	त
य	◌ि	◌ि	च	ष	च	ब	ण	आ	◌ा	◌ा	◌ि	ष	म	उ	त
ढ	म	श	ब	स	◌्	ण	घ	व	द	◌ु	न	ब	य	स	त
व	ब	◌्	ऊ	श	ह	य	ख	ख	ट	य	◌ौ	ह	आ	◌ं	च
ब	घ	◌ै	श	श	छ	र	ख	त	ए	घ	◌ु	ल	य	प	ढ
ग	प	व	ह	उ	ऊ	ए	ष	ऊ	ट	प	च	व	भ	र	आ
उ	ठ	भ	ग	ब	व	र	त	च	न	म	ट	प	इ	◌्	आ
ख	ख	न	थ	म	◌ो	◌ं	र	क	◌्	य	र	◌्	◌ा	क	ध

दान
समुदाय
संपर्क
बच्चे
चुनौतियों
दान करना
वित्त
धन
उदारता
वैश्विक
समूह
इतिहास
ईमानदारी
मानवता
युवा
मिशन
लक्ष्य
लोग
कार्यक्रमों
सार्वजनिक

50 - Ecologia

प	ट	ध	◌े	◌ौ	प	च	आ	न	ट	◌ि	क	◌ा	ऊ	न	भ
ठ	◌्	ठ	थ	ह	ह	◌्	ल	श	थ	ण	र	त	ष	ब	थ
ग	थ	र	ख	ऊ	आ	ध	र	◌ी	द	◌्	◌ु	म	स	ए	ब
क	थ	ष	क	ख	ट	ट	व	ज	त	उ	ए	द	ढ	ग	व
◌ो	ड	द	म	◌ृ	ऊ	क	न	ऊ	◌ा	क	घ	ल	ड	ब	◌ि
◌ं	◌़	फ	ण	द	त	व	स	भ	व	त	थ	द	ट	फ	व
व	◌ो	फ	ब	उ	ब	◌ि	◌्	य	◌ि	◌ि	◌ि	ल	ण	ढ	◌ि
स	◌ं	स	◌ा	ध	न	श	प	ढ	ज	क	ड	य	ठ	य	ध
◌े	◌ा	ऊ	र	ध	न	◌्	त	ठ	◌ी	◌ृ	आ	◌ु	◌ा	ञ	त
य	ह	र	र	ह	ख	◌ै	◌ि	द	र	र	ए	◌ा	ल	◌ं	◌ा
◌ं	प	ण	ञ	प	भ	व	फ	ड	त	◌ा	फ	व	फ	ल	थ
व	घ	फ	न	द	घ	प	ठ	ड	◌्	◌्	व	ल	फ	ठ	ञ
◌्	स	य	श	ए	थ	प	भ	ष	त	प	र	ज	ग	ध	ऊ
स	भ	◌ू	ट	ढ	भ	श	च	घ	उ	स	म	◌ु	द	◌ा	य
फ	ष	भ	ख	प	ऊ	◌ु	न	य	म	प	ब	ट	ण	स	ट
छ	श	ट	ण	◌ा	फ	त	ठ	इ	ट	भ	छ	र	ण	ठ	ण

जलवायु
समुदाय
विविधता
प्रजातियां
पशु
वैश्विक
समुद्री
पहाड़ों
प्राकृतिक
प्रकृति
दलदल
पौधे
संसाधन
सूखा
उत्तरजीविता
टिकाऊ
वनस्पति
स्वयंसेवकों

51 - Família

ब	स	ढ	ष	स	ध	य	त	च	प	ब	◌ी	व	◌ी	ध	य
म	च	छ	य	ट	स	ग	ब	ग	ध	ध	स	व	ए	ब	ए
भ	◌ा	प	च	च	◌े	र	◌ा	भ	◌ा	ई	◌ा	भ	ट	ध	त
त	◌्	◌ं	न	द	आ	स	प	फ	ग	स	प	◌ै	त	◌ृ	क
◌ी	च	म	स	◌ा	न	ढ	◌ू	न	इ	ह	श	द	◌ृ	फ	इ
ज	ब	त	ष	द	थ	ऊ	र	ष	ल	ल	त	ब	◌ा	म	ए
◌ा	फ	इ	च	◌ी	ब	उ	◌्	भ	च	◌ा	च	◌ा	म	ट	ग
ढ	इ	द	य	ष	ह	ध	व	ढ	छ	य	म	श	फ	ष	ड
द	ट	च	ख	र	न	छ	ज	र	म	छ	ब	ह	ह	प	ब
भ	त	◌ी	ज	◌ी	श	ध	द	प	ब	थ	च	प	त	◌ि	च
श	◌ा	थ	◌े	ठ	ल	ढ	ग	ण	ट	ट	च	◌ी	◌ा	च	◌्
ण	◌ि	थ	उ	ब	ए	ह	ण	त	ख	भ	ह	प	◌ो	र	च
उ	प	ल	न	ऊ	ठ	प	ष	द	ए	ग	ण	ख	प	ट	◌े
छ	च	ढ	व	भ	र	ढ	घ	ञ	स	आ	घ	आ	घ	फ	व
व	फ	ऊ	द	ध	आ	इ	स	न	ण	स	ग	ण	य	ण	ध
च	ढ	ध	द	य	य	ञ	य	उ	श	ष	ह	आ	ड	च	द

पूर्वज
दादी
बच्चा
बच्चे
बीवी
बेटी
बचपन
बहन
भाई
पति
मातृ
मां
पोता
पिता
पैतृक
चचेरा भाई
भतीजी
भतीजा
चाची
चाचा

52 - Férias #2

ह	ब	ट	ञ	घ	भ	ल	ड	ड	घ	म	ठ	ष	स	इ	छ
ल	थ	ह	छ	ध	थ	ष	ट	◌़	र	त	ट	ल	म	फ	ठ
श	आ	र	क	◌्	ष	ण	ए	र	◌ो	ग	द	ष	◌ु	त	व
ल	ञ	ग	च	म	य	ध	भ	◌े	व	◌ं	स	म	द	आ	आ
ह	भ	ष	ञ	ग	ढ	ब	◌ू	◌ं	त	त	◌ा	छ	◌्	ट	च
प	र	◌ि	व	ह	न	ट	म	व	इ	व	ढ	ह	र	व	च
य	ड	श	ण	ए	ण	ड	ट	◌ी	ट	◌्	◌ु	छ	प	◌ी	स
उ	◌ा	ढ	द	च	ल	ठ	ट	◌्	ड	य	इ	भ	ऊ	ज	म
न	ड	त	द	◌्	ष	इ	फ	स	ग	ल	ट	◌ो	ह	◌ा	◌ु
व	◌्	आ	◌्	ऊ	व	ब	ध	त	आ	न	ष	ए	इ	ट	द
उ	अ	ह	ढ	र	र	◌ी	ष	ग	श	◌ा	◌्	क	न	◌ै	◌्
र	ई	ठ	ड	थ	◌ा	ञ	प	अ	◌ी	ज	ट	आ	ठ	क	र
प	◌ा	स	प	◌ो	र	◌्	ट	व	द	◌ो	इ	थ	ए	◌्	त
आ	व	प	त	ण	द	ग	त	क	◌े	भ	न	म	ल	स	ट
ऊ	ह	ट	ग	ध	ठ	श	द	◌ा	◌ि	र	ष	ब	ह	◌ी	व
ए	त	ढ	ढ	ण	आ	उ	ब	श	व	उ	म	आ	र	ञ	प

हवाई अड्डा
गंतव्य
विदेशी
छुट्टी
तस्वीरें
होटल
द्वीप
अवकाश
नक्शा
समुद्र
पहाड़ों
पासपोर्ट
समुद्र तट
आरक्षण
भोजनालय
टैक्सी
तंबू
परिवहन
यात्रा
वीजा

53 - Edifícios

थ	व	ध	ध	उ	स	◌ु	प	र	म	◌ा	र	◌्	क	◌े	ट
अ	◌ि	◌े	ए	व	छ	ब	ल	न	य	◌ा	ध	ए	य	म	ठ
प	छ	ए	ध	इ	फ	प	स	◌ा	ड	ष	न	स	ष	इ	ग
◌ा	न	भ	ट	श	स	ड	ञ	◌ी	◌ि	ग	ह	◌े	इ	त	ञ
र	श	ह	ऊ	र	◌ा	ऊ	ढ	म	ट	◌ै	◌ा	य	◌ि	श	ए
◌्	स	ह	म	ए	इ	ल	फ	च	◌े	र	◌ि	उ	ह	स	छ
ट	न	छ	ख	प	द	आ	◌ा	छ	◌्	◌े	ल	व	द	ध	य
म	ट	द	द	व	ऊ	त	ष	ए	स	ज	ख	ब	व	ल	ग
◌े	ष	ध	ड	ब	ष	क	श	ढ	फ	ए	आ	ह	ब	ढ	ह
◌ं	ञ	ग	प	ह	फ	◌ि	ठ	च	द	श	त	ष	ठ	ष	द
ट	ख	ब	भ	त	प	ल	◌ा	श	◌ा	ग	य	◌ो	र	◌्	प
ग	◌े	य	इ	स	व	◌ा	त	◌ा	◌ू	द	च	य	ध	त	स
ल	त	◌ा	प	◌्	स	अ	ष	ठ	द	ख	इ	ऊ	त	◌ं	छ
य	र	◌ी	ट	क	◌्	◌ै	फ	व	ष	फ	ए	ब	ट	ब	ष
न	ष	ध	उ	◌ू	स	◌ं	ग	◌्	र	ह	◌ा	ल	य	◌ू	थ
फ	ड	ध	ड	ल	ट	◌ो	ह	ह	र	ख	न	घ	उ	आ	च

अपार्टमेंट
किला
खलिहान
सिनेमा
दूतावास
स्कूल
स्टेडियम
खेत
फैक्टरी
गैरेज
अस्पताल
होटल
प्रयोगशाला
संग्रहालय
वेधशाला
सुपरमार्केट
थिएटर
तंबू
मीनार

54 - Xadrez

छ	ड	स	ए	ड	म	व	ध	र	त	र	ण	न	◌ी	त	◌ि
व	ह	थ	ट	छ	ड	◌़	◌ी	ल	◌ा	◌ि	ख	घ	ठ	ब	र
ट	◌ि	ण	त	ह	ट	श	र	◌े	ग	न	आ	ल	उ	उ	स
द	ब	क	◌ं	अ	न	ड	◌ो	ख	◌ि	य	◌ी	र	ण	म	फ
उ	ऊ	घ	र	ण	य	ट	◌ि	प	य	प	थ	ब	स	भ	◌े
द	च	र	थ	◌्	इ	इ	व	उ	◌ो	◌ि	न	◌ि	य	म	द
ग	आ	च	ढ	भ	ण	घ	ए	ऊ	त	◌ं	द	ल	म	आ	भ
न	◌ि	ष	◌्	क	◌्	र	◌ि	य	◌ि	◌ै	◌ा	घ	स	छ	ष
च	◌ु	न	◌ौ	त	◌ि	य	◌ो	◌ं	र	च	◌ि	ह	ड	ध	थ
स	य	ए	ब	इ	ढ	घ	स	भ	◌्	इ	ल	◌ा	◌ा	क	ख
फ	ढ	ण	द	य	र	ल	त	र	प	व	ब	र	ग	घ	ख
ध	ष	ध	ढ	ट	म	◌े	◌ं	न	◌ा	र	◌्	◌ू	ट	च	त
ञ	ड	त	ञ	त	ट	भ	द	थ	आ	ज	भ	ड	त	च	ब
ढ	ऊ	ग	ट	ग	आ	प	व	त	उ	स	◌ा	ह	ब	प	ऊ
ह	न	य	ष	उ	श	द	स	ष	न	आ	ढ	म	छ	म	त
ऊ	आ	ऊ	ब	भ	व	ट	च	ख	ढ	त	ग	च	य	ष	श

सफेद
चैंपियन
प्रतियोगिता
चुनौतियों
विकर्ण
रणनीति
खिलाड़ी
खेल
विरोधी
निोष्क्रेय
अंक
काला
रानी
नियम
राजा
बलिदान
समय
टूर्नामेंट

55 - Aventura

ग	स	थ	र	ड	ट	स	प	र	ठ	ल	फ	ठ	श	छ	आ
इ	आ	ल	व	उ	र	ष	◌्	र	ह	आ	म	द	व	उ	ख
ग	त	◌ि	व	◌ि	ध	◌ि	र	स	व	अ	ष	छ	ग	ग	ख
त	◌ो	◌ं	स	◌्	◌ो	द	क	अ	स	◌ा	म	◌ा	न	◌्	य
◌ा	◌ै	छ	ञ	ट	ऊ	ष	◌ृ	◌ा	प	न	य	◌ा	श	ग	ढ
र	स	य	त	उ	ब	◌ा	त	ढ	◌ौ	न	श	ध	र	◌ं	प
द	ई	न	◌ा	◌ि	ठ	क	◌ि	ख	ष	म	ग	ह	◌्	त	ण
◌ं	प	भ	र	र	छ	◌्	थ	छ	य	य	य	ध	द	व	छ
◌ु	ख	ठ	◌ो	ए	◌ो	र	ष	घ	◌ो	र	ण	म	र	◌्	भ
स	ड	त	व	ख	प	◌ु	ड	स	◌ं	श	ञ	द	◌्	य	य
श	न	ह	र	प	ह	स	◌ा	◌्	त	उ	ए	छ	प	उ	◌ा
च	इ	उ	ठ	न	न	स	स	ञ	◌ि	ध	ठ	ह	थ	ऊ	त
द	च	ठ	ह	थ	◌ा	प	ल	ऊ	न	ए	ध	ढ	प	प	◌्
न	ण	घ	ख	ल	प	क	त	ख	◌ौ	ञ	य	र	र	ल	र
ठ	ढ	ब	ख	ख	च	च	ध	प	◌ु	ख	म	ख	इ	स	◌ा
ग	उ	ख	भ	र	व	प	स	छ	च	घ	न	ण	ष	घ	व

हर्ष
दोस्तों
गतिविधि
सुंदरता
वीरता
मौका
चुनौतियों
गंतव्य
कठिनाई
उत्साह
भ्रमण
असामान्य
प्रकृति
पथ प्रदर्शन
नया
अवसर
खतरनाक
तैयारी
सुरक्षा
यात्रा

56 - Floresta Tropical

उ	ब	प	ग	व	स	व	श	य	ढ	क	◌ी	ड	◌़	◌े	आ
भ	◌ा	इ	ई	◌ा	क	म	ढ	म	न	ठ	प	घ	च	फ	ट
य	द	श	म	न	न	ढ	◌ु	र	◌ी	ध	◌ा	न	त	◌्	स
च	ल	◌ी	प	स	ऊ	व	ड	द	त	थ	ख	छ	छ	फ	घ
र	ठ	द	त	◌्	ध	प	ञ	आ	◌ा	ज	◌ं	ग	ल	ल	फ
ल	स	◌े	आ	प	ठ	र	स	उ	व	य	ध	द	त	द	ट
फ	प	व	य	त	◌ा	ध	व	◌ि	◌ि	व	उ	न	ठ	ष	य
ए	ए	◌्	ण	◌ि	ख	ए	ल	र	ज	ध	भ	छ	र	ण	ञ
घ	व	स	र	क	य	ञ	ड	ष	◌ी	◌्	क	प	ढ	आ	ष
ल	ट	ब	श	ज	◌ु	प	ग	प	र	छ	ए	ध	ग	छ	र
घ	न	आ	ह	आ	◌ा	च	ढ	उ	त	ष	छ	उ	व	घ	म
ऊ	ष	त	स	◌ा	व	त	च	फ	◌्	म	ध	आ	ड	फ	ध
फ	थ	ध	द	म	ल	त	◌ि	व	त	प	म	ट	फ	य	च
घ	श	य	ठ	ल	ज	◌ी	त	य	उ	ड	ख	ध	व	आ	प
प	◌्	र	क	◌ृ	त	◌ि	न	व	◌ा	य	ल	◌्	◌ू	म	च
ठ	स	◌ं	र	क	◌्	ष	ण	छ	ड	◌ं	व	च	व	त	ब

उभयचर
वानस्पतिक
जलवायु
समुदाय
विविधता
प्रजातियां
स्वदेशी
कीड़े
स्तनधारी
काई
प्रकृति
बादल
पक्षी
संरक्षण
शरण
आदर
बहाली
जंगल
उत्तरजीविता
मूल्यवान

57 - Cidade

स	आ	र	घ	त	ष	क	ढ	भ	ड	द	ध	ढ	म	उ	स
स	◌्	त	छ	ञ	ल	◌ं	◌्	य	ल	न	◌ा	ज	◌ो	भ	◌ु
ड	त	ट	र	श	म	◌ै	फ	ल	ठ	त	भ	ढ	थ	ख	प
भ	ल	य	◌े	ब	उ	ब	ढ	ह	◌ि	ध	छ	ण	ढ	ट	र
म	स	व	आ	ड	ब	ऊ	ञ	◌ा	ह	न	ल	◌ू	◌ै	स	म
म	ह	र	ह	म	◌ि	व	म	र	ट	ए	◌ि	थ	ठ	च	◌ा
स	◌्	क	◌ू	ल	र	य	इ	ग	घ	ल	न	क	व	म	र
फ	◌ू	ल	व	◌ा	ल	◌ा	म	◌्	ख	ठ	च	ऊ	य	च	◌्
ट	फ	छ	ब	ष	ठ	इ	ल	◌ं	ऊ	य	ध	भ	व	◌ि	क
ढ	थ	स	ढ	ध	य	ख	ष	स	ठ	च	व	भ	ड	ड	◌े
प	◌ु	स	◌्	त	क	◌ा	ल	य	व	आ	भ	र	आ	◌़	ट
उ	ग	र	◌ी	ल	◌ै	ग	ह	◌ो	ट	ल	ड	ऊ	ऊ	◌ि	ष
व	ह	ल	ज	फ	इ	म	ण	आ	ग	ध	आ	र	ढ	य	भ
ण	घ	द	ड	◌ा	ड	◌्	अ	ई	◌ा	व	ह	ढ	ख	◌ा	श
स	◌ि	न	◌े	म	◌ा	फ	◌ा	र	◌्	म	◌े	स	◌ी	घ	प
ब	◌े	क	र	◌ी	इ	ब	आ	भ	ध	य	भ	भ	य	र	ण

हवाई अड्डा
बैंक
पुस्तकालय
सिनेमा
क्लिनिक
स्कूल
स्टेडियम
फार्मेसी
फूलवाला
गैलरी
होटल
चिड़ियाघर
बाजार
संग्रहालय
बेकरी
भोजनालय
सैलून
सुपरमार्केट
थिएटर

58 - Música

ऊ	प	स	र	◌ो	क	म	त	◌्	त	◌ा	◌ी	ग	ट	र	ए
स	ष	द	म	◌ा	इ	क	◌्	र	◌ो	फ	◌ो	न	ल	◌ि	त
ख	ठ	◌्	ल	प	र	ल	ध	द	ध	ट	भ	ध	ठ	क	फ
द	स	भ	भ	र	ण	थ	ऊ	ञ	द	द	ग	◌ा	त	◌ॉ	ग
ख	र	◌ा	◌े	प	ओ	स	◌्	व	र	ए	श	स	द	र	ए
क	ध	व	भ	ध	ऊ	ट	श	ब	फ	ट	ठ	ठ	म	◌्	ह
ल	◌ा	त	ग	◌ी	◌ं	स	र	स	ग	न	छ	ञ	छ	ड	उ
द	◌ु	व	ण	थ	घ	च	◌ा	त	ऊ	◌ा	श	र	ग	◌ि	ट
ड	स	उ	◌्	र	र	फ	ग	प	ग	ण	य	ढ	◌ा	◌ं	ल
श	श	फ	ख	य	त	ध	उ	ऊ	ठ	ण	ढ	क	थ	ग	त
त	ल	घ	उ	ग	◌ा	◌ि	ऊ	घ	थ	प	ञ	ट	◌ा	च	र
ड	इ	ध	य	र	◌ी	त	◌्	स	◌्	◌ा	श	ऊ	ग	म	न
ढ	प	न	य	र	ल	ग	◌्	ग	छ	भ	र	श	◌ी	ञ	ब
स	◌ं	ग	◌ी	त	क	◌ा	र	म	◌ा	य	स	ध	त	इ	ञ
श	घ	प	त	ए	ष	घ	श	त	क	न	ए	ल	◌्	ब	म
श	ट	ए	छ	आ	ग	आ	फ	ञ	स	भ	◌ा	भ	स	ह	आ

एल्बम
गाथागीत
गाना
गायक
शास्त्रीय
कोरस
रिकॉर्डिंग
सद्भाव
सुधार
साधन
गीतात्मक
राग
माइक्रोफोन
संगीत
संगीतकार
ओपेरा
काव्यात्मक
ताल
गति
स्वर

59 - Matemática

ध	श	ठ	ष	ग	ऊ	ह	ञ	ड	ह	फ	प	स	ण	ए	न
छ	◌ा	ब	स	◌्	य	◌ो	ग	ह	त	ड	◌्	◌ं	य	ण	घ
स	म	◌ी	क	र	ण	त	घ	र	व	व	र	ख	इ	फ	ल
य	उ	ञ	स	व	◌ो	ण	र	त	ख	ह	त	◌्	ख	ह	ग
◌ा	आ	य	त	न	क	य	फ	न	श	च	◌ि	य	च	प	आ
◌्	ब	ह	◌ु	भ	◌ु	ज	य	◌ा	व	त	प	◌ा	ट	फ	द
व	य	ढ	ध	न	द	भ	श	◌ं	अ	ट	◌ा	ए	ग	इ	ठ
आ	ठ	य	त	◌ि	म	◌ि	य	◌ा	◌्	ज	द	◌ॅ	ए	घ	आ
ञ	य	ण	ण	थ	◌ि	व	ल	म	श	द	क	ग	ध	द	स
फ	◌ा	त	◌ा	प	◌ू	र	म	स	त	◌्	र	◌ि	क	◌ो	ण
व	ज	ण	द	आ	इ	न	प	स	ञ	ढ	च	ढ	ल	आ	र
ऊ	◌्	◌ि	ऊ	उ	र	ह	श	द	उ	ऊ	श	छ	ष	ढ	ढ
ट	र	ग	ड	ट	ख	ग	उ	त	ड	ञ	न	आ	ण	ग	ठ
न	◌ि	क	ड	म	ढ	ग	भ	भ	भ	ल	ठ	फ	र	ड	ठ
ड	◌्	◌ं	ल	र	ए	आ	ग	स	ब	ऊ	र	ल	ठ	ड	भ
ऊ	त	अ	ब	ह	ष	श	ढ	ब	भ	त	ण	ष	भ	घ	द

अंकगणित
कोण
परिधि
दशमलव
व्यास
समीकरण
प्रतिपादक
अंश
ज्यामिति
संख्याएँ
समानांतर
सीधा
बहुभुज
वर्ग
त्रिज्या
आयत
समरूपता
योग
त्रिकोण
आयतन

60 - Saúde e Bem Estar #1

ढ	ब	घ	ब	द	व	◌ा	र	द	उ	ए	आ	न	ए	व	उ
ट	आ	स	न	◌ै	ण	ढ	श	स	◌ा	त	◌्	क	◌ि	◌ि	च
प	ल	ट	◌ा	ट	क	ह	ड	◌्	ड	◌ि	य	◌ो	◌ं	श	भ
स	ग	छ	क	भ	स	◌्	य	ठ	ए	ह	ऊ	ड	त	◌्	◌ं
क	द	ह	◌्	◌ू	त	न	ट	स	उ	घ	◌ं	त	ञ	र	ग
◌्	ब	उ	ल	ख	◌्	स	म	◌ौ	ण	त	च	छ	थ	◌ा	भ
र	ण	स	◌ि	न	क	◌ो	ण	म	र	ब	◌ा	य	ख	म	त
◌ि	ग	ठ	न	छ	◌ि	◌ं	प	◌े	फ	◌ि	ई	द	इ	द	ण
य	ध	प	◌ि	ण	◌ि	स	ऊ	र	ञ	व	य	ह	च	ख	ञ
त	ग	आ	क	ए	च	◌ा	व	◌्	त	छ	न	◌ा	स	स	उ
स	र	त	उ	आ	ख	ह	घ	◌ा	उ	प	च	◌ा	र	छ	स
य	ञ	त	ण	ञ	ए	त	ध	फ	र	आ	भ	इ	इ	र	च
च	ए	ख	ञ	ञ	म	ब	ऊ	प	घ	ऊ	द	ठ	◌ा	ढ	व
ढ	ल	ल	छ	र	स	ठ	घ	ब	ऊ	म	त	त	व	स	थ
ह	◌ा	र	◌्	म	◌ो	न	ट	त	घ	त	ब	थ	ण	भ	ड
ब	ह	ह	ए	उ	त	ड	व	थ	श	ठ	य	ए	ञ	य	द

ऊंचाई
सक्रिय
बैक्टीरिया
क्लिनिक
चिकित्सक
फार्मेसी
भूख
भंग
आदत
हार्मोन
दवा
नसों
हड्डियों
त्वचा
आसन
पलटा
विश्राम
चिकित्सा
उपचार
वाइरस

61 - Imigração

न	ल	व	◌ा	न	त	छ	य	प	स	◌्	थ	◌ि	त	◌ि	ष
ह	थ	य	ब	◌ा	त	च	◌ी	त	◌्	ध	य	ष	◌ा	◌ा	भ
ऊ	ण	स	◌ा	व	आ	स	आ	द	ल	र	ध	छ	य	च	ए
ञ	व	◌्	ढ	अ	त	घ	ख	ड	न	च	श	य	◌ा	ऊ	फ
र	श	क	ध	घ	फ	ल	न	न	◌ू	◌ा	क	◌ा	ह	ष	ल
ढ	य	◌ो	ऊ	इ	प	◌़	च	फ	स	◌ं	घ	र	स	ञ	ञ
द	ओ	◌ं	म	◌ा	◌ी	स	स	उ	न	स	फ	◌ि	र	न	ट
त	स	द	ञ	आ	ड	फ	ए	र	ढ	श	ए	क	ह	द	च
ढ	स	◌्	घ	छ	ष	ञ	ख	त	ट	न	आ	◌्	भ	म	स
व	प	ग	त	ख	र	ब	ष	ञ	ञ	ग	व	र	ट	◌ो	म
ल	र	त	व	◌ा	स	◌ं	र	क	◌्	ष	ण	◌्	ख	◌ु	◌ा
श	श	ख	उ	ट	व	त	र	र	ह	ऊ	न	प	ड	न	ध
ध	ग	भ	ए	र	च	◌े	◌्	च	ब	द	ण	फ	ब	अ	◌ा
ख	घ	ल	ह	च	आ	आ	ज	स	म	य	स	◌ी	म	◌ा	न
द	न	आ	ए	य	फ	ऊ	ठ	◌ो	र	ध	ण	ट	घ	म	आ
द	द	ठ	थ	ग	च	य	त	स	◌ं	म	द	ञ	ठ	ब	च

प्रशासन
वयस्कों
सहायता
अनुमोदन
संचार
बच्चे
दस्तावेजों
तनाव
सीमाओं
आवास
कानून
भाषा
बातचीत
अफ़सर
समय सीमा
प्रक्रिया
संरक्षण
स्थिति
समाधान

62 - Natureza

ए	य	स	स	द	फ	म	ग	त	◌ि	श	◌ी	ल	म	छ	र
ख	ढ	ण	म	ब	ष	द	ल	भ	ट	ए	म	न	ध	म	य
ल	म	र	◌्	◌ि	न	आ	ढ	थ	त	व	द	ग	◌ु	ठ	भ
द	आ	◌्	आ	र	त	प	त	◌्	त	◌े	द	◌्	म	स	प
◌ा	ध	प	उ	फ	◌ा	र	ठ	फ	ट	ठ	ड	ल	क	◌ु	घ
ब	ट	◌ू	ष	ध	स	य	आ	थ	आ	फ	छ	◌े	◌्	◌ं	ख
ल	य	त	◌्	उ	◌्	य	भ	ह	व	ग	ढ	श	ख	द	द
न	थ	◌ि	ण	म	ग	ढ	ग	अ	इ	ऊ	प	◌ि	◌ि	र	छ
ढ	स	◌ं	क	ट	◌ि	क	◌्	र	आ	व	छ	य	य	त	प
ऊ	श	◌ा	ट	ड	◌े	ह	म	ह	म	क	न	र	◌ो	◌ा	र
ख	ऊ	श	◌ि	ख	र	प	य	ल	भ	ञ	ट	फ	◌ं	ब	ड
आ	च	व	ब	ध	ऊ	घ	र	◌ो	◌ं	व	न	◌ा	ज	न	म
श	छ	स	◌ं	ह	ल	ए	क	◌ो	ह	र	◌ा	ण	व	त	घ
◌्	ख	प	ध	च	ञ	ण	ख	प	प	ष	ऊ	घ	म	ढ	ब
र	र	प	◌ी	म	ह	त	◌्	व	प	◌ू	र	◌्	ण	घ	ड
य	द	ल	य	ज	◌ं	ग	ल	◌ी	म	ठ	प	म	न	द	◌ी

मधुमाक्खियों
आश्रय
जानवरों
आर्कटिक
सुंदरता
रेगिस्तान
गतिशील
कटाव
वन
पत्ते
ग्लेशियर
कोहरा
बादल
शांतिपूर्ण
नदी
अभयारण्य
जंगली
निर्मल
उष्णकटिबंधीय
महत्वपूर्ण

63 - A Empresa

न	ए	ख	आ	द	ख	ब	ध	य	ण	र	◌्	◌ि	न	ज	स
ब	◌ि	भ	ञ	घ	उ	ड	म	ष	फ	◌ा	म	ण	घ	◌ो	◌ं
म	ब	व	व	◌्	य	◌ा	प	◌ा	र	ज	थ	ण	व	ख	स
य	ख	थ	◌े	ञ	र	अ	प	आ	च	स	ञ	ल	प	◌ि	◌ा
म	ष	ट	र	श	ञ	भ	ट	◌्	य	◌्	ष	व	र	म	ध
आ	उ	ध	ण	र	त	◌ि	प	इ	र	व	श	◌े	◌े	प	न
व	क	म	त	◌्	◌ा	न	च	र	च	त	◌ि	ग	र	◌्	प
द	ग	स	◌ि	ह	ध	व	ग	आ	ध	श	◌ि	न	उ	घ	द
इ	ण	ञ	त	र	◌ो	ज	ग	◌ा	र	ग	र	ष	च	ड	भ
क	द	ठ	◌ु	व	◌ै	श	◌्	व	◌ि	क	न	◌ु	◌्	उ	घ
◌ा	आ	ब	स	ग	◌ु	ण	व	त	◌्	त	◌ा	स	झ	ठ	श
इ	ध	घ	◌्	उ	त	◌्	प	◌ा	द	ध	व	न	फ	◌ा	◌ा
य	ए	ऊ	र	उ	द	◌्	य	◌ो	ग	घ	भ	म	व	ण	न
◌ो	त	ञ	◌्	उ	ट	छ	ठ	ख	ष	ल	◌ा	ट	भ	ड	ण
◌ं	न	थ	प	ह	य	ण	र	व	व	ख	◌ं	स	ब	म	च
ञ	र	ए	फ	ऊ	इ	ए	ब	ध	भ	भ	स	फ	ट	ञ	ड

प्रस्तुते
रचनात्मक
निर्णय
रोजगार
वैश्विक
उद्योग
अभिनव
निवेश
व्यापार
संभावना

उत्पाद
पेशेवर
प्रगति
गुणवत्ता
राजस्व
संसाधन
प्रतिष्ठा
जोखिम
रुझान
इकाइयों

64 - Doença

स	◌्	व	◌ा	स	◌्	थ	◌्	य	स	ब	भ	उ	न	भ	स
प	◌ु	र	◌ा	न	◌ी	र	ढ	श	◌ं	ञ	ध	ण	◌्	च	◌ा
ल	ड	ष	◌ो	घ	द	व	ख	ए	क	इ	आ	द	य	ड	इ
त	व	र	ञ	ज	च	न	म	र	◌्	इ	न	ण	◌ु	प	न
आ	ष	स	ल	फ	म	ण	छ	ठ	र	ब	◌ु	ञ	र	आ	स
इ	ञ	◌ू	ग	आ	य	क	द	ए	◌ा	ब	व	आ	◌ो	थ	य
उ	श	ज	ष	स	स	र	य	ड	म	उ	◌ं	ए	प	व	ब
भ	द	न	ञ	ढ	ऊ	म	क	य	क	ग	श	त	ट	◌े	प
न	ह	क	◌ा	ठ	क	◌ा	द	◌ो	प	त	◌ि	व	◌ी	ड	य
ठ	ए	इ	श	इ	ध	ठ	ञ	◌ं	◌ं	ग	क	ठ	छ	ख	थ
ड	म	ल	श	◌्	व	स	न	ड	ब	न	श	च	इ	आ	ब
न	व	म	र	◌ो	ड	◌्	◌ं	◌ि	स	◌ु	ज	य	थ	ञ	ल
द	फ	घ	व	◌्	र	ल	भ	◌्	श	श	प	ग	फ	ह	ण
◌ि	द	छ	◌्	य	ज	न	ऊ	ड	र	◌ा	आ	भ	◌ो	स	ह
ल	ल	त	◌ी	र	ष	◌ी	ह	ह	◌ी	◌ं	ठ	म	घ	र	ण
आ	स	◌ा	त	◌्	क	◌ि	◌ि	च	र	व	थ	ट	ख	ण	प

पेट
तीव्र
एलर्जी
संक्रामक
दिल
शरीर
पुरानी
कमजोर
आनुवंशिक
वंशानुगत
सूजन
काठ का
न्यूरोपटी
हड्डियों
रोगजनकों
श्वसन
स्वास्थ्य
साइनस
सिंड्रोम
चिकित्सा

65 - Aquecimento Global

प	द	य	न	प	ध	प	प	ऊ	य	ए	घ	ह	ख	घ	आ
उ	◌ो	फ	स	ग	ठ	च	अ	ब	ध	ड	ब	आ	ब	ग	फ
भ	◌ा	ढ	ष	क	ञ	ए	द	ज	ल	व	◌ा	य	◌ु	द	स
म	ब	श	◌़	ट	◌ा	◌े	ड	फ	ब	ण	व	न	फ	ष	ढ
ढ	आ	क	न	◌ि	ञ	◌ा	ज	◌्	◌ै	व	◌ि	थ	स	ष	इ
छ	र	भ	ञ	क	य	ष	◌्	◌ि	व	भ	क	स	ए	ह	च
ष	ण	आ	श	◌्	भ	◌ो	र	ढ	म	ण	◌ा	◌ि	र	प	ऊ
ऊ	ए	त	ए	र	व	ल	◌ं	ट	प	ग	स	ल	न	स	स
श	र	द	घ	आ	प	◌ि	इ	घ	म	ठ	व	प	फ	र	ए
घ	आ	◌्	ध	त	र	आ	ध	भ	थ	ख	◌ा	छ	छ	ध	ग
इ	इ	ठ	ज	ष	◌्	फ	य	◌ा	व	र	◌ि	ढ	ण	ञ	◌ै
च	न	उ	थ	◌ा	य	व	ण	व	न	ए	न	ण	व	ण	स
ग	ल	ट	व	च	◌ा	उ	द	◌्	य	◌ो	ग	ष	ल	म	ण
च	च	न	घ	र	व	स	र	क	◌ा	र	घ	व	इ	ब	ट
ध	◌्	य	◌ा	न	र	छ	ह	त	◌ा	प	म	◌ा	न	र	ठ
प	थ	श	इ	ष	ण	ड	प	ब	स	◌ं	क	ट	ढ	त	थ

अब
पर्यावरण
ध्यान
आर्कटिक
वैज्ञानिक
जलवायु
परिणाम
संकट
डेटा
विकास
ऊर्जा
भविष्य
गैस
पीढ़ियों
सरकार
निवास
उद्योग
विधान
आबादी
तापमान

66 - Aviões

घ	ख	ञ	प	प	य	श	ञ	फ	ठ	आ	ध	प	ष	भ	न
त	द	ब	ञ	प	घ	थ	ऊ	म	इ	क	आ	इ	थ	न	◌े
भ	ठ	ख	न	ष	श	क	स	◌ि	ह	◌ा	स	च	श	◌ि	व
थ	ष	ल	र	य	ड	ध	आ	फ	फ	श	◌ा	◌ि	द	र	◌ि
ढ	म	◌ौ	स	म	व	◌ा	य	◌ु	म	◌ं	ड	ल	ग	◌्	ग
घ	ण	ह	◌ा	इ	ड	◌्	र	◌ो	ज	न	ज	◌ं	इ	म	◌े
इ	ठ	ध	फ	छ	र	ठ	◌ी	र	म	ष	ध	इ	ब	◌ा	ट
द	ध	ध	ढ	श	त	ब	त	ख	ड	ष	म	◌ं	घ	ण	ऊ
उ	ण	श	इ	ड	ञ	इ	◌्	व	त	र	इ	फ	ई	ड	ल
थ	ध	ख	ष	त	◌ि	◌ं	◌ा	श	अ	ब	त	ख	क	ख	ए
ऊ	◌ं	च	◌ा	ई	आ	अ	य	◌ु	◌ा	व	◌ि	ग	◌्	द	ऊ
न	फ	द	प	ढ	ऊ	फ	व	म	आ	उ	ह	प	र	ह	ब
ग	◌ु	ब	◌्	ब	◌ा	र	◌ा	त	र	ष	◌ा	ग	◌ू	छ	ब
प	◌ा	य	ल	ट	ऊ	ह	द	र	र	ड	स	य	ञ	य	च
घ	प	त	ड	ण	घ	ष	थ	य	ल	ण	इ	य	न	ञ	घ
आ	ल	उ	ए	च	श	व	◌ं	श	इ	ख	ब	ध	त	ऊ	छ

ऊंचाई
वायु
अवतरण
वायुमंडल
साहसिक
गुब्बारा
आकाश
ईंधन
निर्माण
वंश
दिशा
हाइड्रोजन
इतिहास
इंजन
नेविगेट
यात्री
पायलट
मौसम
क्रू
अशांति

67 - Tipos de Cabelo

ऊ	य	र	घ	ब	ऊ	ग	थ	ध	क	इ	भ	थ	य	ण	प
द	फ	ब	◌ं	छ	ञ	◌ो	घ	ह	म	व	ण	ढ	त	थ	व
ह	ल	ज	ब	ग	उ	र	ञ	द	छ	र	ध	च	य	स	ञ
म	◌ो	ट	◌ा	ठ	◌ौ	◌ा	ट	च	च	म	क	द	◌ा	र	श
ख	छ	ल	◌ं	◌ं	ण	न	छ	ध	ण	ऊ	त	◌े	ल	छ	श
फ	ध	भ	ल	ल	ग	स	ष	भ	फ	ठ	प	फ	त	ए	ऊ
भ	य	ख	◌ा	◌ू	स	◌्	ञ	ढ	म	घ	म	स	प	ल	भ
ख	ड	द	◌ा	ट	उ	व	ट	न	च	◌ु	ख	ञ	ष	च	इ
फ	र	घ	क	त	म	स	व	ढ	ठ	◌ं	य	भ	◌ू	र	◌ा
ञ	ऊ	श	प	स	ग	◌्	भ	त	भ	घ	क	र	◌्	ल	घ
न	र	म	ध	द	ष	थ	न	ञ	◌ौ	र	ल	त	भ	व	ठ
ह	ह	ड	◌ू	थ	आ	स	म	न	न	◌ा	ड	फ	ञ	न	फ
ए	व	र	स	ह	ञ	श	स	ल	छ	ल	र	ढ	र	न	ब
ख	आ	ञ	र	ण	च	ल	ल	व	ट	◌े	म	ह	व	प	स
ध	छ	भ	स	च	घ	ट	ल	म	ए	ग	द	घ	ल	उ	न
च	◌ा	◌ँ	द	◌ो	प	ध	ब	ष	प	ल	भ	ढ	च	प	ट

सफेद
चमकदार
कर्ल
गंजा
धूसर
रंगीन
कम
घुंघराले
पतला
मोटा
गोरा
लंबा
भूरा
लहराती
चाँदी
काला
स्वस्थ
सूखा
नरम
लट

68 - Criatividade

प	◌्	र	◌ा	म	◌ा	ण	◌ि	क	त	◌ा	न	च	ट	ल	ल
◌ा	ड	ण	उ	भ	◌ा	व	न	◌ा	ए	◌ँ	इ	ञ	ऊ	त	ञ
छ	त	स	ड	र	स	इ	छ	न	◌ा	ट	क	◌ी	य	अ	ऊ
ल	द	घ	य	ख	न	ए	त	व	श	त	ड	र	र	भ	ब
ट	आ	र	ड	ल	स	ठ	श	◌ी	◌ि	य	ढ	ट	ट	◌ि	ल
य	व	आ	◌्	ए	न	फ	थ	प	व	ष	ष	ब	ए	व	च
ख	◌ि	ड	ए	श	◌ी	उ	घ	ण	प	◌्	घ	र	ग	◌्	ढ
ह	ष	ल	स	घ	न	◌ा	प	◌्	ल	क	र	ठ	ड	य	उ
च	◌्	प	◌्	र	◌े	र	ण	◌ा	द	स	ठ	त	य	क	भ
ष	क	क	◌ौ	श	ल	भ	च	ख	ठ	ह	ग	ञ	◌ा	◌्	◌ा
म	◌ा	म	त	र	ल	त	◌ा	य	स	ज	ह	स	च	त	व
च	र	त	◌ा	ट	ष	◌्	प	◌्	स	ब	ठ	ञ	च	◌ि	न
ड	श	◌्	ब	आ	च	ख	ड	ल	ण	◌ो	त	ष	ए	व	◌ा
द	◌ी	◌ा	ढ	ग	च	छ	प	व	य	ध	ध	ब	य	ए	ओ
प	ल	ल	घ	थ	ढ	ऊ	ट	ऊ	ण	घ	आ	ञ	न	ढ	◌ं
त	◌ि	क	◌्	श	न	व	◌ी	ज	च	य	च	फ	त	न	उ

कलात्मक
प्रामाणिकता
स्पष्टता
नाटकीय
भावनाएँ
सहज
अभिव्यक्ति
तरलता
कौशल
छवि
कल्पना
छाप
प्रेरणा
तीव्रता
सहज बोध
आविष्कारशील
सनसनी
भावनाओं
दर्शन
जीवन शक्ति

69 - Dias e Meses

स	स	ऊ	य	थ	ह	ग	म	भ	फ	इ	ल	छ	त	घ	ष
◌ि	ठ	◌ो	थ	फ	ञ	च	◌ु	त	छ	ढ	ध	ध	र	व	ख
त	ड	ञ	म	इ	ञ	स	य	र	ब	◌ं	व	न	ज	◌ृ	न
◌ं	द	घ	श	व	ह	छ	उ	श	◌ू	अ	प	◌्	र	◌ै	ल
ब	य	इ	ध	ई	◌ा	ब	ऊ	ट	◌ु	व	छ	फ	प	श	इ
र	ठ	उ	फ	ल	त	र	न	ठ	घ	क	◌ा	ट	उ	ब	घ
म	ह	◌ी	न	◌ा	द	◌ि	स	◌ं	ब	र	◌्	र	इ	फ	ञ
ल	ष	र	ढ	◌ु	ट	ए	द	प	ष	र	म	र	ठ	श	ट
◌ी	र	व	न	ज	र	त	स	प	◌्	त	◌ा	ह	व	ड	ण
ष	व	र	ब	ट	◌ू	◌्	क	अ	र	श	ब	व	भ	◌ा	ट
भ	◌ा	फ	म	ध	श	स	म	ऊ	व	न	ब	न	इ	न	र
फ	ल	ग	द	ब	ष	ग	फ	ण	च	◌ि	छ	घ	ट	उ	छ
उ	ग	इ	थ	उ	उ	अ	ह	ञ	ञ	व	ष	थ	म	र	ए
ढ	◌ं	म	ग	ऊ	ग	र	ब	त	ट	◌ा	श	ण	स	य	न
ऊ	म	च	स	ञ	ञ	ध	घ	य	स	र	य	च	ण	स	इ
र	व	◌ि	व	◌ा	र	ड	ल	◌े	◌ं	◌ै	क	च	भ	ड	च

अप्रैल
अगस्त
वर्ष
कैलेंडर
दिसंबर
रविवार
फरवरी
जनवरी
जुलाई
जून
महीना
नवंबर
अक्टूबर
गुरूवार
शनिवार
सोमवार
सप्ताह
सितंबर
शुक्रवार
मंगलवार

70 - Saúde e Bem Estar #2

श	र	◌ी	र	घ	र	स	ऊ	ण	म	र	क	◌्	◌ं	स	ध
इ	भ	◌ू	ख	च	ञ	◌्	द	ल	◌ा	क	र	इ	फ	आ	स
च	ए	उ	ण	न	त	व	ढ	प	ल	◌ी	◌ू	स	व	ढ	ट
र	◌ो	ग	स	ख	ध	स	य	म	◌ि	श	व	र	य	श	य
◌ी	ष	ग	ञ	◌्	ह	◌्	व	ट	श	◌ि	◌ि	ञ	न	ऊ	ण
ल	ण	च	च	श	व	थ	म	ण	छ	व	ट	व	ध	उ	ध
◌ो	ए	ड	ट	ख	र	च	द	ढ	स	◌ं	◌ा	आ	ठ	इ	श
◌ै	ण	अ	घ	ट	◌ा	◌ी	◌्	भ	आ	◌ु	म	इ	उ	घ	छ
क	भ	ग	स	ध	ह	घ	र	छ	फ	न	◌ि	य	त	ल	ट
ऊ	न	व	र	◌्	आ	स	च	र	त	आ	न	ख	आ	इ	द
म	ग	छ	क	स	प	य	श	न	च	◌ा	प	च	ख	ग	य
न	ऊ	ख	◌्	ल	ष	त	श	च	ट	न	ट	ए	त	ख	ठ
◌ो	ड	आ	त	ख	म	थ	◌ा	ब	म	ज	◌ा	◌्	र	ऊ	ध
द	ए	ल	र	◌्	ज	◌ी	आ	ल	घ	व	ल	ए	ल	उ	य
श	ष	य	स	ठ	य	फ	ञ	ध	उ	ड	न	थ	भ	प	ऊ
◌ा	द	फ	न	ढ	ठ	घ	न	ध	ख	ण	र	थ	भ	ध	म

एलर्जी
शरीर रचना
भूख
कैलोरी
शरीर
आहार
पाचन
रोग
ऊर्जा
आनुवंशिकी
स्वच्छता
अस्पताल
मनोदशा
संक्रमण
मालिश
वजन
वसूली
रक्त
स्वस्थ
विटामिन

71 - Geografia

च	आ	ढ	ट	क	द	ढ	ग	ट	ख	न	ए	ब	ल	प	द
ञ	र	ट	ण	◌्	घ	◌्	म	व	न	ष	ष	ग	त	श	◌े
ख	य	स	भ	ष	ञ	प	व	◌ी	द	◌्	◌ा	ह	म	◌्	श
थ	ढ	न	आ	◌े	स	ढ	ठ	◌ी	ग	इ	न	आ	छ	च	◌ा
भ	म	ठ	म	त	ड	◌़	◌ा	ह	प	भ	द	घ	य	◌ि	न
म	ध	म	भ	◌्	श	भ	न	न	स	ट	◌े	द	आ	म	◌्
आ	◌्	ठ	च	र	श	द	क	ब	श	म	श	म	आ	श	त
ह	य	◌ा	न	◌ि	◌ु	द	◌्	छ	ष	ड	स	◌ा	ग	र	र
व	◌ा	ख	ण	ए	ठ	उ	श	च	आ	ञ	प	ए	ट	ल	स
द	ह	उ	स	र	ई	च	◌ा	◌ं	ऊ	ह	घ	ञ	ए	अ	प
ड	◌्	म	त	म	छ	घ	ऊ	च	थ	श	ह	ग	न	क	द
च	न	व	ष	◌्	◌ु	ग	◌ो	ल	◌ा	र	◌्	ध	द	◌्	घ
व	ल	ष	ण	ठ	त	द	द	क	◌्	ष	◌ि	ण	◌ी	ष	प
ढ	ठ	प	च	म	ञ	र	◌्	ञ	ट	ण	ख	म	स	◌ा	ञ
छ	ड	श	ट	ध	ल	ह	थ	र	आ	श	उ	उ	प	◌ं	थ
ढ	इ	ध	प	ध	न	श	त	ञ	ब	छ	त	फ	इ	श	म

ऊंचाई
एटलस
शहर
महाद्वीप
गोलार्ध
द्वीप
अक्षांश
देशान्तर
नक्शा
समुद्र
मध्याह्न
पहाड़
दुनिया
उत्तर
सागर
पश्चिम
देश
नदी
दक्षिण
क्षेत्र

72 - Antártica

उ	ग	श	ब	ष	व	प	द	प	इ	र	ह	छ	ह	ब	ग
ल	ग	◌ो	◌ू	भ	◌ो	◌ै	ब	द	भ	ट	उ	य	आ	र	ह
स	प	ध	छ	ट	क	उ	ज	◌ि	न	ख	ड	स	छ	◌्	भ
◌ं	घ	क	व	ग	उ	ह	च	◌्	ष	प	ल	ग	म	फ	ब
र	ख	र	फ	थ	य	च	ध	ध	ञ	प	थ	र	◌ी	ल	◌ा
क	ह	◌्	ञ	द	ध	ण	न	इ	श	◌ा	फ	ल	त	न	ठ
◌्	ए	त	थ	श	ख	छ	भ	ब	न	द	न	म	◌ि	ह	ष
ष	ख	◌ा	स	ड	इ	ड	ध	व	भ	द	थ	◌ि	ख	ग	फ
ण	ठ	भ	व	ट	ञ	न	अ	भ	◌ि	य	◌ा	न	क	द	घ
प	◌्	र	◌ा	य	द	◌्	व	◌ी	प	थ	ल	ब	◌ी	र	ड
ण	छ	ह	र	फ	त	च	न	इ	ग	◌ु	◌ं	◌े	प	◌ा	छ
ञ	छ	ढ	◌्	ठ	भ	◌ा	प	र	◌्	य	◌ा	व	र	ण	प
ह	य	य	प	स	ड	ढ	प	व	◌ी	द	◌्	◌ा	ह	म	द
त	म	आ	न	ट	त	ध	ह	म	◌ू	स	प	व	◌ी	◌्	द
स	◌्	थ	ल	◌ा	क	◌ृ	त	◌ि	◌ा	ग	ब	ल	ट	स	ट
ह	म	ग	ए	इ	ह	ब	फ	व	ए	न	त	य	इ	व	च

पर्यावरण
पानी
बे
वैज्ञानिक
संरक्षण
महाद्वीप
कोव
अभियान
हिमनद
बर्फ
भूगोल
द्वीप समूह
शोधकर्ता
प्रवास
खनिज
प्रायद्वीप
पेंगुइन
पथरीला
तापमान
स्थलाकृति

73 - Fazenda #1

ल	इ	भ	र	थ	स	छ	व	थ	त	व	य	घ	स	फ	प
व	ठ	ष	ट	ध	◌ू	क	ध	म	ग	ध	◌ा	र	थ	य	व
ध	इ	ल	ए	च	अ	◌ृ	उ	र	च	ऊ	ग	फ	ग	ह	ख
आ	ब	च	घ	न	र	ष	व	उ	द	ह	स	इ	र	त	ब
ब	च	ड	◌ि	ण	ड	◌ि	त	ग	भ	य	व	ण	ष	थ	◌ि
ञ	◌ा	ण	श	क	स	छ	ढ	ण	व	श	ट	इ	ढ	म	ल
त	ध	ड	र	थ	न	ह	ख	ञ	म	ग	थ	ग	ब	फ	◌्
प	ड	थ	◌़	फ	न	ड	प	घ	ध	ब	ष	ऊ	छ	च	ल
म	य	ख	ठ	ड	त	ए	ध	इ	◌ु	क	ए	ख	ड	र	◌ी
ठ	ञ	◌े	थ	ढ	द	ह	श	च	म	र	ष	ठ	◌़	ध	ण
ण	म	त	◌ा	त	◌्	◌ु	क	◌ा	क	◌ी	म	उ	◌ा	न	घ
श	न	ए	ठ	घ	◌ा	स	थ	व	◌्	प	ट	भ	भ	ण	त
य	ह	य	व	ए	ल	व	ड	ल	ख	◌ा	झ	न	च	थ	स
फ	आ	द	घ	द	ञ	व	र	ब	◌ी	न	◌ु	ढ	फ	घ	ट
उ	च	ब	ग	आ	च	ह	क	◌ौ	आ	◌ी	◌ं	ल	व	ठ	ब
र	उ	र	◌्	व	र	क	ए	इ	ऊ	थ	ड	◌़	◌ा	◌ो	घ

मधुमक्खी
कृषि
चावल
पानी
बछड़ा
गधा
बकरी
खेत
घोड़ा
कुत्ता
बाड़
कौआ
घास
उर्वरक
चिकन
बिल्ली
शहद
सूअर
झुंड
गाय

74 - Livros

न	ट	ष	उ	फ	ऊ	र	ञ	क	उ	ढ	ब	ड	य	ल	द
घ	व	ऊ	इ	श	व	प	क	थ	घ	ए	न	द	इ	ट	प
त	ण	ढ	न	इ	न	श	य	◌ा	ब	भ	प	द	छ	ष	त
ए	ऊ	छ	ल	त	भ	आ	◌ि	व	आ	य	छ	द	फ	घ	ब
भ	द	त	च	ठ	आ	इ	त	◌ा	घ	घ	थ	उ	ऊ	र	प
म	फ	र	थ	श	ट	ए	◌्	च	ञ	ण	ट	ढ	ब	ष	ख
य	न	उ	ड	प	ठ	स	ह	क	ट	श	च	फ	ड	प	व
ध	द	ल	ब	व	ढ	च	◌ि	उ	स	◌ा	ह	स	◌ि	क	श
स	क	ग	◌ि	स	◌ं	र	◌ा	◌्	प	श	◌ृ	◌ं	ख	ल	◌ा
भ	◌ं	च	क	ख	◌े	ल	स	आ	च	न	◌ी	◌ा	ह	क	द
फ	घ	ग	उ	उ	◌ि	ढ	प	घ	व	द	◌्	व	◌ं	◌्	द
न	ख	आ	◌्	ल	र	त	◌्	◌ि	र	च	फ	य	आ	म	प
उ	ञ	च	भ	र	◌्	द	◌ं	स	ए	श	क	ठ	◌ा	प	◌ृ
क	व	◌ि	त	◌ा	ह	ऐ	त	◌ि	ह	◌ा	स	◌ि	क	स	ष
म	ह	◌ा	क	◌ा	व	◌्	य	द	◌ु	ख	द	ल	ऊ	घ	◌्
आ	व	◌ि	ष	◌्	क	◌ा	र	श	◌ी	ल	थ	च	घ	ह	ठ

लेखक
साहसिक
संग्रह
संदर्भ
द्वंद्व
लिखित
महाकाव्य
कहानी
ऐतिहासिक
आविष्कारशील

पाठक
साहित्यिक
कथावाचक
पृष्ठ
चरित्र
कविता
प्रासंगिक
उपन्यास
शृंखला
दुखद

75 - Chocolate

क	स	ष	ड	ण	च	स	श	भ	ल	ग	श	ढ	थ	ग	ए
◌ै	व	ण	ध	य	ह	त	ण	इ	त	थ	प	ण	ब	ग	◌ं
ल	◌ी	फ	ग	◌ं	◌ू	म	भ	व	◌ा	◌़	ड	क	ट	घ	ट
◌ो	ढ	य	ऊ	र	ई	ठ	◌ा	◌ि	म	च	प	ह	ग	स	◌ी
र	क	◌ो	क	◌ो	आ	ऊ	श	द	ख	इ	ख	ड	◌ु	◌्	ऑ
◌ी	प	◌ा	उ	ड	र	स	र	◌े	व	त	थ	च	ण	व	क
न	छ	घ	ण	ठ	ठ	आ	ञ	श	इ	◌ा	न	य	व	◌ा	◌्
ख	र	ट	ग	फ	ढ	प	न	◌ी	◌ी	च	◌्	ख	त	द	स
ढ	स	ह	ल	ड	व	व	प	ट	ह	य	ष	स	◌्	◌ि	◌ी
श	थ	न	भ	य	ण	आ	व	ट	ढ	य	घ	य	त	ष	ड
ह	ठ	म	प	ख	ह	त	ण	न	आ	च	आ	इ	◌ा	◌्	◌े
स	क	◌ु	ट	◌ी	र	न	इ	◌ा	उ	भ	ब	ट	छ	ट	◌ं
ट	◌ु	प	◌्	र	◌ि	य	ख	र	व	फ	ऊ	ब	ढ	भ	ट
त	ट	ग	ड	ग	म	उ	भ	◌ि	आ	ल	ण	ग	घ	ञ	श
ऊ	ष	ढ	◌ं	आ	ड	र	व	य	ठ	म	घ	श	ऊ	द	ए
ब	म	श	थ	ध	◌ि	◌ि	व	ल	घ	ष	ग	ब	ख	च	श

चीनी
कड़वा
मूंगफली
एंटीऑक्सीडेंट
सुगंध
कुटीर
कोको
कैलोरी
नारियल
स्वादिष्ट
मिठाई
विदेशी
प्रिय
स्वाद
घटक
पाउडर
गुणवत्ता
विधि

76 - Governo

थ	ब	ध	ल	स	ऊ	त	च	ह	आ	इ	न	य	ल	ग	ब
ख	श	व	आ	म	ठ	य	र	ञ	ह	ब	य	ठ	◌ो	य	न
भ	ब	ष	य	◌ा	फ	ञ	द	ख	द	ण	ष	ज	क	ह	घ
ण	ब	ऊ	भ	न	छ	च	ग	ब	आ	इ	फ	◌ि	त	घ	इ
भ	थ	त	च	त	ऊ	ढ	ण	व	ढ	त	ष	ल	◌ं	ड	ऊ
न	◌े	त	◌ा	◌ा	घ	भ	ग	ऊ	ग	भ	म	◌ा	त	ठ	ट
फ	प	ब	◌्	र	◌ा	ज	◌्	य	क	त	◌ी	र	◌्	प	फ
र	इ	ऊ	र	आ	त	◌ा	क	र	◌ि	ग	◌ा	न	र	य	ष
क	◌ा	न	च	ण	ल	◌्	र	◌ा	ष	◌्	ट	◌्	र	ह	ठ
र	◌ा	ज	ल	आ	ब	ठ	त	ञ	स	य	ए	भ	त	प	ञ
म	ऊ	न	न	ध	◌ा	व	◌ि	◌ं	स	य	ढ	भ	◌ा	ष	ण
◌ा	च	त	◌ू	◌ी	ख	ण	य	द	व	◌ा	स	◌ि	व	◌ि	ल
◌्	उ	ह	ड	न	त	य	र	◌ी	ट	◌्	ष	◌्	◌ा	र	छ
स	छ	प	ऊ	क	य	◌ि	य	◌ा	◌्	न	स	घ	ख	च	म
ह	श	ण	म	ऊ	भ	प	द	ज	ए	ट	ल	य	ष	ट	ड
फ	उ	श	प	श	म	छ	प	आ	ख	ग	उ	ण	ल	ड	ए

नागरिकता
सिविल
संविधान
लोकतंत्र
भाषण
चर्चा
जिला
राज्य
समानता
आजादी
न्यायिक
न्याय
कानून
स्वतंत्रता
नेता
स्मारक
राष्ट्रीय
राष्ट्र
राजनीति
प्रतीक

77 - Jardinagem

ठ	आ	छ	त	ठ	प	उ	न	उ	व	च	आ	प	ध	फ	फ
ग	ल	प	स	ह	र	म	म	ष	म	व	ष	त	उ	आ	ल
द	◌ं	म	म	ऊ	छ	ए	◌ी	ञ	ण	र	य	◌्	र	ष	◌ी
र	श	द	ह	ट	य	य	ख	◌ि	ल	न	◌ा	त	क	म	द
ठ	य	ग	ग	ज	ल	व	◌ा	य	◌ु	ढ	◌ं	◌ा	◌ं	आ	◌्
ख	न	ण	श	◌ी	द	◌े	◌ि	व	द	प	त	ल	ट	म	य
म	◌ा	ग	ण	ब	घ	इ	छ	श	व	छ	◌ि	ष	◌े	स	◌ा
श	◌ौ	द	ढ	श	य	त	आ	न	द	न	ज	आ	न	ग	न
ञ	प	स	◌्	ठ	भ	थ	श	ल	फ	ठ	◌ा	इ	र	◌ु	त
ल	थ	फ	म	य	ण	ब	र	◌ी	प	ए	र	ब	थ	ल	न
न	ऊ	स	ढ	◌ी	ह	ण	इ	च	त	◌े	◌्	त	प	द	ह
प	◌ा	न	◌ी	आ	च	ट	ण	न	ए	ड	प	ञ	ऊ	स	श
ठ	ख	प	य	फ	ष	ण	घ	ख	घ	च	स	इ	त	◌्	ट
य	क	त	◌ि	प	स	◌्	न	◌ा	व	ण	छ	न	र	त	प
फ	ठ	ढ	प	◌ु	ष	◌्	प	द	र	ख	ए	आ	भ	◌ा	फ
फ	ग	य	ञ	ड	ग	ष	घ	फ	व	थ	ण	ए	ठ	ग	ठ

पानी
वानस्पतिक
गुलदस्ता
जलवायु
खाद्य
खाद
प्रजातियां
विदेशी
खिलना
पुष्प

पत्ता
पत्ते
नली
फलोद्यान
कंटेनर
मौसमी
बीज
गंदगी
नमी

78 - Profissões #2

र	ख	र	ऊ	स	फ	त	म	स	ख	थ	ञ	र	आ	म	ग
ऊ	ढ	ट	ण	फ	◌ो	ब	त	स	आ	उ	त	ट	भ	◌ा	ठ
भ	म	र	ह	थ	ट	द	◌ा	र	◌्	श	न	◌ि	क	ल	ञ
स	भ	◌े	ए	ग	◌ो	त	र	न	थ	व	ड	उ	श	◌ी	म
ठ	र	ट	ह	थ	ग	फ	◌्	ए	ख	ख	ह	श	ध	ञ	घ
ज	ए	◌्	ऊ	ध	◌्	र	क	क	न	ड	च	भ	ष	च	ग
ड	◌ा	◌्	ज	ह	र	ए	ध	र	य	न	◌ि	ज	◌ी	◌ं	इ
र	न	स	आ	न	◌ा	ऊ	◌ो	क	र	ष	त	ष	भ	उ	छ
ष	श	ल	◌ू	ट	फ	ठ	श	◌ा	◌ि	ब	◌्	य	◌ा	न	ए
श	घ	इ	ञ	स	र	फ	ठ	ष	र	घ	र	ध	◌ु	क	व
च	◌ि	क	◌ि	त	◌्	स	क	◌्	◌े	क	क	व	ह	◌ि	ध
उ	ए	श	ब	ट	र	ट	ढ	◌ि	ब	उ	◌ा	प	ब	स	श
ब	उ	भ	आ	इ	न	द	ढ	व	◌्	ध	र	र	आ	◌ा	ष
ए	ठ	थ	र	ड	ऊ	व	श	आ	इ	ड	द	थ	◌्	न	ढ
ग	ण	श	◌ि	क	◌्	ष	क	व	◌ा	च	ग	र	ह	त	ठ
इ	ठ	फ	ठ	ध	ल	ऊ	र	ट	ल	य	◌ा	प	ढ	आ	प

किसान
लाइब्रेरियन
सर्जन
जासूस
इंजीनियर
दार्शनिक
फोटोग्राफर
इलस्ट्रेटर
आविष्कारक
शोधकर्ता
माली
पत्रकार
बहुभाषी
चिकित्सक
पायलट
चित्रकार
शिक्षक

79 - Café

ब	ड	ऊ	भ	श	घ	ए	ष	इ	ध	क	ह	ह	ध	ञ	ड
श	ड	ण	द	◌ु	आ	ञ	ष	ए	ढ	◌ी	थ	व	त	स	त
ल	फ	ख	ऊ	छ	न	फ	◌ी	◌ै	क	म	न	ण	उ	ग	र
द	स	स	आ	ल	ल	◌ा	◌ा	क	ण	त	फ	च	च	त	ल
इ	ह	ट	ष	य	म	ठ	ह	ग	ह	त	ह	द	त	च	◌ू
स	◌ु	ग	◌ं	ध	स	ण	य	◌ु	म	◌ा	फ	ड	स	फ	म
ध	थ	न	य	◌ू	◌ु	क	◌े	ट	आ	ध	ई	ढ	ड	ठ	ञ
प	◌ा	न	◌ी	द	ब	ण	प	स	◌़	व	◌ा	द	ऊ	श	प
स	त	प	ड	थ	ह	घ	त	इ	फ	◌ि	ल	ल	न	ल	ब
ख	छ	◌ा	न	न	◌ा	य	ठ	श	ढ	◌ि	म	स	ए	इ	र
र	ख	ड	ञ	ध	च	छ	थ	न	आ	व	न	र	प	ल	छ
र	इ	ट	आ	थ	ह	इ	ग	न	घ	र	उ	ञ	ढ	र	ट
छ	इ	द	थ	थ	ञ	थ	उ	ण	म	स	च	स	ञ	आ	ऊ
श	ध	ल	छ	ल	ए	प	ट	ण	आ	ख	छ	◌ी	थ	र	ए
क	ड	◌़	व	◌ा	द	छ	च	व	ट	ण	ख	प	न	ठ	ट
ह	र	ण	फ	भ	आ	ठ	उ	य	म	ब	व	ह	ह	◌ी	छ

चीनी
कड़वा
सुगंध
भुना हुआ
पानी
पेय
कैफीन
कप
मलाई
छानना
दूध
तरल
सुबह
पीस
मूल
कीमत
काला
स्वाद
विविधता

80 - Negócios

स	छ	ट	ण	ख	ह	ट	ए	व	ग	न	ह	उ	छ	आ	उ
श	◌ू	आ	घ	श	ढ	य	ल	ग	घ	ध	ऊ	ल	इ	फ	य
उ	ट	ट	न	ण	ल	ट	ञ	त	ल	उ	उ	ड	ड	ड	ल
द	ष	ए	ड	ठ	फ	ण	ख	ट	त	त	◌्	◌ि	व	ष	य
ब	य	स	ढ	ख	स	ब	श	स	◌ा	◌ै	प	आ	प	श	◌ा
ब	इ	र	◌ौ	च	◌ा	म	◌्	र	क	क	ञ	ष	र	ह	र
ज	ड	न	◌ौ	प	◌ं	क	उ	य	◌्	र	ट	छ	त	ड	◌्
ट	आ	◌ि	द	ट	च	त	द	र	य	◌ो	ध	ल	◌्	घ	◌ा
श	ड	व	भ	म	क	ञ	ब	◌ि	◌ो	◌ं	ट	ण	स	स	क
प	फ	◌े	द	च	य	◌्	द	◌ै	◌ि	म	◌ु	द	◌्	र	◌ा
ण	भ	श	म	भ	ष	र	◌ै	क	न	आ	उ	ठ	श	◌ौ	ख
ग	ल	ड	भ	◌ा	ल	ऊ	ड	फ	आ	ड	श	ब	◌ा	क	स
ञ	ब	फ	त	उ	ल	ब	ख	ल	◌ा	ग	त	ष	थ	◌्	ब
श	उ	ए	थ	न	ग	ब	च	इ	श	ग	न	आ	◌्	◌ि	च
श	च	भ	प	श	ढ	त	च	न	ग	फ	य	ग	र	ब	न
ष	ध	च	उ	घ	च	द	द	◌ु	क	◌ा	न	ष	अ	ध	ट

कैरियर
लागत
छूट
पैसा
अर्थशास्त्र
कर्मचारी
नियोक्ता
कंपनी
कार्यालय
फैक्टरी
वित्त
करों
निवेश
दुकान
लाभ
माल
मुद्रा
बजट
आय
बिक्री

81 - Fazenda #2

फ	र	ब	ठ	ण	घ	ड	ख	घ	ञ	च	द	ड	व	उ	द
स	ल	फ	श	फ	स	छ	त	◌ा	ए	र	ञ	◌ू	ड	न	य
ख	र	◌ो	◌ं	व	न	◌ा	ज	स	ग	व	ग	ण	ध	उ	स
प	ध	ठ	द	ण	ञ	द	◌ी	क	ए	◌ा	प	ऊ	स	व	ढ
ड	इ	फ	द	◌्	र	थ	◌्	◌ा	व	ह	क	स	◌ि	र	व
ट	फ	ख	ष	इ	य	घ	ब	म	म	◌ा	◌ा	ल	◌ं	इ	ऊ
◌्	व	छ	ष	भ	प	◌ा	स	◌ै	उ	श	ह	ण	च	ऊ	ठ
र	उ	इ	भ	स	उ	श	न	द	छ	ण	◌ु	ट	◌ा	ज	फ
◌ै	उ	च	ह	ऊ	श	आ	◌ा	◌ा	ढ	व	आ	ए	ई	प	◌ौ
क	र	ए	म	ह	घ	द	म	न	ह	◌ा	◌ि	ल	ख	त	ब
◌्	भ	◌े	ड	◌़	ट	भ	◌े	स	ण	ऊ	न	ष	ल	त	श
ट	ऊ	प	छ	ठ	ध	श	म	◌ा	ग	थ	ह	ड	च	घ	ठ
र	भ	ब	ष	व	म	घ	फ	◌ि	◌े	इ	ण	छ	म	भ	न
ग	आ	म	क	ई	ग	श	श	क	ह	ञ	त	द	आ	प	च
न	ल	भ	त	च	य	ड	ट	ग	◌ृ	ढ	द	श	ग	ठ	ऊ
थ	ढ	श	ह	ह	ध	ढ	स	ध	◌ँ	उ	थ	न	भ	च	ण

किसान
जानवरों
खलिहान
जौ
मेमना
फल
सिंचाई
दूध
लामा
पका हुआ
मकई
भेड़
चरवाहा
बतख
फलोद्यान
घास का मैदान
ट्रैक्टर
गेहूँ
सब्जी

82 - Jardim

ए	म	फ	ब	◌े	◌ं	च	ए	आ	ज	ल	ए	ट	य	उ	ठ
ठ	त	द	ल	◌ू	फ	ब	◌े	ल	र	थ	ड	ख	ब	इ	ठ
ञ	र	ड	ष	◌ा	ल	थ	ड	र	◌े	क	श	ड	र	आ	र
प	ख	प	ग	ग	द	ह	व	आ	◌ै	घ	आ	उ	द	ब	ष
श	ढ	घ	ए	प	प	◌्	भ	ब	ग	व	च	ण	ह	ष	इ
व	आ	ब	ल	न	ड	उ	य	द	ब	आ	र	थ	ड	थ	छ
ध	फ	ल	त	प	छ	ढ	स	◌ा	घ	च	ख	फ	द	द	ल
भ	च	◌ा	श	थ	प	ड	न	म	न	प	श	ख	भ	झ	प
ह	च	◌ा	व	छ	ब	य	ण	◌ा	◌ॉ	◌े	च	◌ु	उ	◌ू	ख
म	◌ा	त	म	ड	ऊ	भ	ख	र	ल	ड	◌़	◌ा	ब	ल	ए
उ	ख	छ	इ	भ	◌़	र	म	ब	म	◌़	ध	ह	व	◌ा	ञ
छ	थ	प	आ	च	ग	◌ा	इ	ग	स	ध	त	ह	ण	ऊ	ए
न	ब	न	ठ	त	ह	य	श	◌ी	ल	न	ट	आ	छ	स	ट
त	र	द	च	ग	र	छ	व	च	द	छ	ढ	ब	ख	च	ड
प	थ	र	स	उ	थ	ए	भ	◌ा	व	च	ब	ह	आ	ध	फ
ष	र	फ	ट	◌्	र	◌े	म	◌्	प	◌ो	ल	◌ि	न	उ	ढ

रेक
बुश
पेड़
बेंच
बाड़
मातम
फूल
गैरेज
घास
लॉन

बगीचा
तालाब
झूला
नली
फावड़ा
फलोद्यान
छत
ट्रेम्पोलिन
बरामदा
बेल

83 - Oceano

श	ढ	प	ञ	उ	ठ	म	थ	ढ	द	छ	म	ञ	ह	फ	श
ा	ह	प	ी	स	इ	ख	प	ड	ड	थ	उ	त	श	ञ	ध
र	ए	ज	े	ल	ि	फ	़	ि	श	न	श	न	भ	ल	ऊ
्	ध	प	ए	ह	छ	ट	च	ठ	च	ा	ज	्	व	ा	र
क	ऊ	ं	ण	े	श	म	इ	व	ड	व	ट	ट	त	ष	द
य	ऊ	्	ए	्	य	त	आ	उ	स	ग	ा	ं	ी	झ	ए
प	थ	स	र	व	ञ	ट	ु	श	ै	व	ा	ल	म	ढ	ध
त	ख	स	त	ट	घ	न	छ	छ	प	ण	न	ं	ढ	ए	त
ऑ	क	्	ट	ो	प	स	क	इ	व	र	भ	घ	ू	ठ	च
ह	व	ल	स	ट	ब	प	ण	म	भ	ग	ट	य	ख	म	त
च	ठ	य	उ	च	ट	्	ट	ा	न	न	ू	ह	ष	द	त
ल	ह	र	े	ं	च	द	ग	ग	ट	न	न	ध	भ	द	छ
ष	घ	ड	ॉ	ल	्	फ	ि	न	ड	़	ा	क	े	क	आ
ब	य	ख	य	ग	श	घ	स	ह	ष	भ	ल	ठ	ण	भ	ं
इ	ख	आ	ट	ध	ष	द	भ	इ	ढ	म	ल	र	इ	ग	ध
द	ऊ	इ	ल	ण	ख	ए	श	ल	ल	थ	घ	ब	ब	उ	ी

शैवाल
टूना
व्हेल
नाव
झींगा
केकड़ा
मूंगा
स्पंज
डॉल्फिन
ज्वार
जेलीफ़िश
लहरें
सीप
मछली
ऑक्टोपस
चट्टान
नमक
कछुआ
आंधी
शार्क

84 - Profissões #1

भ	च	ध	ड	ट	ख	प	स	त	ट	ह	र	ग	ञ	व	भ
र	स	उ	व	म	ग	◌ि	◌ं	ऊ	त	प	क	ट	र	◌ै	◌ू
ख	फ	थ	म	ड	◌ो	य	ग	न	ल	स	◌ा	ज	◌़	ज	व
घ	स	इ	ञ	म	ल	◌ा	◌ी	उ	◌ी	ण	र	ट	ण	◌्	◌ि
ज	फ	ध	व	द	व	न	त	म	क	ब	त	ढ	य	ञ	ज
ब	◌ौ	न	ब	द	◌ि	◌ो	क	न	व	स	◌्	र	न	◌ा	◌्
ऊ	◌ै	ह	ऊ	फ	ज	व	◌ा	◌ो	ठ	ञ	च	ट	स	न	ञ
म	ल	◌ं	र	ल	◌्	◌ा	र	व	स	ठ	◌ि	इ	न	◌ि	◌ा
श	घ	ञ	क	◌ी	ञ	द	ब	◌ै	य	ढ	न	फ	ह	क	न
उ	म	प	◌ी	र	◌ा	क	श	ज	श	ए	◌ा	◌ा	द	ल	◌ी
ठ	ह	थ	त	इ	न	ण	न	◌्	ध	◌ि	म	र	प	श	क
र	म	ण	◌्	इ	◌ी	श	ग	ञ	द	आ	क	य	स	थ	ल
श	ण	च	र	त	द	◌ू	ज	◌ा	र	ह	ग	◌ा	न	ष	◌ा
स	ष	च	न	फ	ढ	ढ	श	न	ण	भ	ष	फ	र	ट	क
ब	ठ	ढ	ड	ऊ	द	घ	ल	◌ि	न	◌ा	व	◌ि	क	◌ी	◌ा
ढ	ऊ	न	उ	ष	ष	स	त	क	द	प	◌ा	◌ं	स	ल	र

वकील
कलाकार
खगोल विज्ञानी
बैंकर
फायर फाइटर
शिकारी
मानचित्रकार
वैज्ञानिक
नर्तकी
संपादक
राजदूत
नलसाज़
नर्स
भूविज्ञानी
जौहरी
नाविक
संगीतकार
पियानोवादक
मनोवैज्ञानिक

85 - Força e Gravidade

ए	स	थ	ऊ	ञ	न	र	ग	ग	द	प	ण	य	त	म	ध
ञ	ट	ग	त	ि	स	ऊ	ल	ब	ट	्	ध	ा	उ	छ	ट
ण	ब	छ	न	ठ	उ	ष	ठ	ब	ड	र	ञ	ं	ष	उ	न
ह	न	थ	श	ट	ण	ष	्	र	घ	भ	आ	त	ढ	ए	त
च	ु	ं	ब	क	त	्	व	र	त	ा	स	्	ि	व	ख
द	ष	ठ	उ	स	ड	क	प	भ	ऊ	व	ब	र	ढ	न	ष
उ	भ	ड	ण	ग	म	अ	ल	ह	ण	ञ	ञ	ि	फ	ए	उ
क	े	ं	द	्	र	य	ज	ो	ख	ढ	म	क	छ	ष	य
घ	स	घ	छ	ञ	उ	ड	घ	ं	ग	उ	ध	ी	ग	ट	त
म	व	क	म	ि	भ	ौ	व	र	्	ा	स	ग	ु	भ	ब
भ	ौ	त	ि	क	व	ि	ज	्	ञ	ा	न	ध	ण	न	द
फ	ख	र	व	ब	ए	ा	भ	ग	ड	व	क	ठ	ऊ	व	ह
ढ	ञ	प	ट	ष	व	ञ	ब	ऊ	ञ	ख	व	क	स	स	ए
ग	त	ि	श	ी	ल	ट	घ	द	उ	घ	ज	भ	्	श	ह
ठ	च	न	इ	प	द	ू	र	ी	ब	ण	न	श	उ	ष	ऊ
ठ	र	च	द	ढ	ध	ढ	द	उ	ग	न	फ	फ	ग	ब	ा

घषेण
केंद्र
खोज
गतिशील
दूरी
अक्ष
विस्तार
भौतिक विज्ञान
प्रभाव
चुंबकत्व
यांत्रिकी
कक्षा
वजन
ग्रहों
दबाव
गुण
गति
समय
सार्वभौमिक

86 - Ciência

ग	◌ु	र	◌ु	त	◌्	व	◌ा	क	र	◌्	ष	ण	थ	ऊ	ढ
भ	ध	ष	ख	ड	म	◌ौ	ष	ग	न	इ	ष	◌ु	द	आ	ष
◌ौ	त	छ	च	प	श	ज	अ	ण	◌ु	ओ	◌ं	◌ा	ग	य	फ
त	◌ि	क	◌ृ	र	◌्	प	व	ट	थ	छ	फ	म	ढ	ऊ	य
◌ि	ध	ठ	च	छ	व	ऊ	ख	य	ण	ध	ए	र	इ	ढ	स
क	स	ट	व	ट	◌ा	◌े	ड	त	प	म	◌े	प	फ	भ	य
व	म	घ	त	र	◌ी	क	◌ा	न	ए	फ	श	◌ौ	ठ	श	◌ु
◌ि	अ	ल	ट	थ	ज	न	प	र	◌ि	क	ल	◌्	प	न	◌ा
ज	व	द	भ	ढ	ड	◌ि	घ	द	व	न	ध	स	ट	ढ	व
◌्	ल	ख	न	◌ि	ज	ञ	स	श	स	◌ि	य	त	उ	थ	ल
ञ	◌ो	ष	न	क	ठ	◌ा	व	म	त	य	क	ड	थ	ड	ज
◌ा	क	च	ढ	ण	श	ज	घ	ढ	फ	स	व	◌ा	फ	◌्	आ
न	न	भ	ड	ठ	त	◌्	ल	च	ह	◌ा	च	ढ	स	म	य
ल	ढ	द	फ	ह	ठ	◌ै	छ	ड	ध	◌ा	श	न	आ	ख	स
द	थ	न	र	च	त	व	उ	ह	व	र	ष	ठ	च	घ	ठ
प	◌्	र	य	◌ो	ग	श	◌ा	ल	◌ा	फ	ञ	ट	भ	स	ण

परमाणु
वैज्ञानिक
जलवायु
डेटा
विकास
तथ्य
भौतिक विज्ञान
जीवाश्म
गुरुत्वाकर्षण
परिकल्पना
प्रयोगशाला
तरीका
खनिज
अणुओं
प्रकृति
अवलोकन
जीव
कण
पौधे
रासायनिक

87 - Comida #1

ट	ब	प	◌ू	स	◌ी	ल	◌ु	त	य	च	ष	ध	थ	आ	र
ध	◌ू	द	◌्	भ	श	ठ	र	ञ	ढ	च	न	ए	ढ	श	ड
ए	◌ं	न	उ	य	भ	य	त	ड	प	फ	ह	त	ग	ट	ए
थ	◌ी	◌ी	◌ा	प	◌ा	◌ौ	म	य	ध	ग	◌ा	ज	र	थ	त
ल	न	◌ी	फ	भ	व	ज	ठ	ण	ठ	स	प	ब	आ	ष	म
ल	◌ु	च	इ	ठ	आ	ठ	उ	ञ	ह	ग	न	आ	ष	श	ह
न	स	स	◌्	ट	◌्	र	◌ॉ	ब	◌े	र	◌ी	व	म	ञ	भ
घ	ह	उ	ट	ऊ	प	ए	उ	द	म	म	च	इ	न	त	ख
म	ल	◌ी	फ	ग	◌ं	◌ू	म	त	ष	न	◌ी	द	स	प	ह
य	श	ए	ब	ल	र	स	ऊ	त	ष	श	ल	ह	ण	◌ा	य
य	इ	ल	ण	ग	ञ	च	ट	ए	थ	प	◌ा	छ	उ	ल	ठ
ण	ह	ट	ज	त	द	ब	ठ	ण	ट	म	द	छ	भ	क	भ
ष	छ	ठ	क	म	न	◌ी	ब	◌ा	◌ु	ख	ऊ	ल	उ	◌े	ब
ट	घ	प	इ	च	त	द	ए	फ	ण	र	ऊ	न	ढ	क	य
छ	उ	उ	भ	व	ए	आ	व	छ	श	न	र	ब	थ	त	ए
ल	उ	न	फ	ऊ	ल	ढ	ण	स	ल	◌ा	द	ब	ञ	ए	ल

चीनी
लहसुन
मूंगफली
टूना
केक
दालचीनी
प्याज
गाजर
जौ
खुबानी
पालक
दूध
नींबू
तुलसी
स्ट्रॉबेरी
शलजम
नमक
सलाद
सूप
रस

88 - Geometria

स	प	उ	च	प	ग	थ	स	न	त	त	ऊ	द	ए	त	य
ब	उ	उ	ठ	ग	ब	ठ	च	ल	आ	◌्	छ	म	ढ	स	भ
उ	र	घ	ण	छ	ण	प	आ	ख	ए	र	व	ण	ण	म	भ
न	व	र	ड	र	ण	न	फ	ग	ब	ि◌	व	ड	ल	◌ा	उ
फ	छ	र	ड	घ	ई	च	◌ा	◌ं	ऊ	क	व	य	ध	न	ए
त	ल	ल	ज	ध	फ	ख	ऊ	आ	फ	◌ो	स	स	स	◌ा	म
क	◌्	र	त	प	◌ा	◌ु	न	अ	य	ण	त	म	ए	◌ं	◌ा
म	ध	इ	ि◌	ढ	र	ग	ख	म	ब	◌ा	ह	◌ी	व	त	स
व	◌ा	ण	ष	ख	◌ं	ड	च	ध	उ	◌़	म	क	क	र	फ
इ	भ	ध	◌ै	ल	म	ण	न	इ	य	ड	उ	र	◌्	ट	त
ऊ	ए	त	◌्	स	न	ड	त	थ	य	ख	ल	ण	र	ध	त
ए	ण	◌ो	क	य	च	ड	स	ह	फ	श	ट	इ	ऊ	ब	आ
य	ष	म	स	◌ा	स	ि◌	द	◌्	ध	◌ा	◌ं	त	ण	छ	च
इ	ऊ	त	त	◌्	◌ृ	व	श	ड	व	ह	न	म	ए	उ	श
इ	ह	ख	स	व	ठ	ऊ	ड	ड	इ	ध	व	य	ढ	ध	ब
श	स	ख	घ	य	ड	ञ	ए	छ	स	म	र	◌ू	प	त	◌ा

ऊंचाई
कोण
गणना
वृत्त
वक्र
व्यास
आयाम
समीकरण
क्षैतिज
तर्क
मास
माध्य
समानांतर
अनुपात
खंड
समरूपता
सतह
सिद्धांत
त्रिकोण
खड़ा

89 - Pássaros

म	र	इ	उ	स	◌ा	र	स	घ	ल	ब	ञ	त	ख	त	प
ञ	ऊ	भ	र	ह	ब	श	ढ	द	आ	व	ह	ग	ण	न	ग
ञ	व	न	थ	◌ं	ग	भ	च	ण	उ	छ	भ	ग	थ	थ	प
ण	प	ध	ख	ज	प	ट	◌ि	ट	ह	व	उ	ब	छ	ट	स
न	ढ	इ	ए	◌ा	आ	र	क	ब	थ	र	त	◌ू	ब	क	घ
फ	त	ह	ल	र	न	प	न	श	ख	छ	◌ो	आ	ग	उ	र
ब	घ	इ	ख	ह	य	ए	उ	छ	ग	ब	त	य	◌ौ	फ	द
ध	ग	र	◌्	म	◌ु	र	त	◌ु	◌ु	श	◌ा	द	र	क	भ
ड	व	◌ु	म	उ	ठ	ज़	ठ	ह	ई	ह	छ	घ	◌ै	ड	व
प	अ	ल	ल	स	◌ी	◌ा	व	ह	ग	उ	च	ल	य	◌ो	क
◌े	ह	◌ं	त	◌ा	इ	ब	ड	घ	ल	द	र	र	◌ा	ह	इ
◌ं	◌ं	ख	ड	म	◌ू	र	◌्	ख	म	न	◌ु	ष	◌्	य	त
ग	स	थ	श	◌ा	र	ख	त	त	व	क	इ	ह	न	य	ड
◌ु	ग	म	ऊ	र	ए	ड	फ	ब	ण	◌े	ढ	च	म	च	श
इ	थ	प	च	ग	ढ	ऊ	द	आ	म	◌ू	घ	ऊ	ल	प	ऊ
न	म	◌ो	र	भ	त	प	ढ	ब	घ	ट	थ	इ	ठ	थ	प

शुतुरमुर्ग
ईगल
सारस
हंस
कौआ
कोयल
बाज़
राजहंस
चिकन
मूर्ख मनुष्य
बगुला
अंडा
तोता
गौरैया
बतख
मोर
हवासील
पेंगुइन
कबूतर
टूकेन

90 - Literatura

र	र	ण	श	थ	घ	त	ञ	क	ख	े	ल	ल	छ	छ	र
प	य	र	र	न	ण	ट	भ	थ	ट	श	न	ड	म	ढ	आ
म	ग	प	इ	ि	स	इ	भ	ा	स	ड	ग	ट	य	व	फ
ञ	थ	ग	प	ष	य	ष	ि	व	द	ं	ण	ह	च	ि	ठ
श	ै	ल	ी	्	ा	थ	क	ा	ण	र	व	ि	व	श	घ
ब	द	प	ह	क	्	श	प	च	ट	घ	य	ा	र	्	द
ए	त	द	उ	र	न	ट	ू	क	ह	ग	ढ	ब	द	ल	उ
ढ	ग	प	ध	्	प	त	र	ष	आ	ण	य	ण	ए	े	भ
ख	आ	ग	ष	ष	उ	ु	ण	भ	ब	ञ	र	श	ब	ष	ट
द	प	प	त	म	स	क	आ	ख	श	ठ	ट	भ	ढ	ण	घ
त	ब	य	ण	ण	ा	म	ण	ऊ	द	थ	इ	ख	ख	द	ऊ
द	ु	ष	द	ी	स	र	ा	्	त	ह	ढ	श	य	ड	उ
घ	उ	ल	य	फ	्	ब	ण	न	ी	व	ी	ज	श	फ	ऊ
त	ा	ल	न	र	ि	ण	य	थ	त	ा	ि	व	क	म	य
उ	न	प	य	ा	क	ञ	य	घ	ए	ा	ए	ह	श	ध	इ
भ	च	ञ	छ	ब	ड	ढ	स	य	न	ट	र	ल	ट	ष	ट

समानता
विश्लेषण
किस्सा
लेखक
जीवनी
तुलना
निष्कर्ष
विवरण
संवाद
शैली
कथा
रूपक
कथावाचक
राय
कविता
तुक
ताल
उपन्यास
विषय
त्रासदी

91 - Química

अ	ण	◌ु	य	ग	ग	म	ब	त	छ	आ	म	ब	इ	क	छ
ट	उ	श	म	य	र	◌ी	ष	◌ा	◌्	क	छ	ण	ल	◌ा	ल
व	ध	आ	र	क	◌्	ए	द	त	द	ए	प	ञ	◌े	र	उ
थ	उ	ष	भ	◌ी	म	इ	ज	◌ा	◌ं	ए	फ	श	क	◌्	ऊ
ड	उ	ए	ड	भ	◌ी	इ	ब	य	श	छ	श	ल	◌्	ब	इ
घ	त	थ	थ	◌ि	च	य	ख	ब	द	न	ञ	ध	ट	न	त
ढ	फ	न	म	◌ा	प	◌ा	त	आ	उ	ह	थ	ष	◌्	◌ि	ऊ
ए	स	◌ि	ड	न	क	◌्	ल	◌ो	र	◌ी	न	त	र	क	ब
स	◌ै	ख	र	ऊ	ज	थ	स	द	र	ढ	य	र	◌ॉ	र	न
ष	ग	इ	ड	इ	ञ	स	भ	द	य	ड	आ	ल	न	घ	म
ख	थ	उ	भ	व	व	ए	◌ी	ण	ढ	ठ	छ	ख	ब	ज	क
ष	प	प	छ	उ	म	द	ण	◌्	ऊ	श	आ	घ	र	प	व
उ	त	◌्	प	◌्	र	◌े	र	क	क	प	द	ठ	◌्	आ	थ
ह	◌ा	इ	ड	◌्	र	◌ो	ज	न	त	ऑ	द	ढ	◌ा	ध	त
त	त	◌्	व	◌ो	◌ं	ष	उ	श	थ	भ	ष	ष	क	ह	ष
उ	म	ए	ष	ट	फ	व	न	थ	श	ठ	ध	म	थ	ख	उ

क्षारीय
एसिड
गर्मी
कार्बन
उत्प्रेरक
क्लोरीन
तत्वों
इलेक्ट्रॉन
एंजाइम
गैस
हाइड्रोजन
आयन
तरल
अणु
नाभिकीय
कार्बनिक
ऑक्सीजन
वजन
नमक
तापमान

92 - Clima

ड	द	र	ञ	ज	ष	घ	त	आ	ष	प	त	आ	न	ब	म
इ	◌ं	द	◌्	र	ध	न	◌ु	ष	ञ	ष	ठ	क	स	ल	र
ल	ध	ब	घ	ग	◌ी	छ	व	ञ	इ	न	फ	◌ा	◌ू	त	घ
ग	ट	ण	थ	आ	◌ं	श	स	◌ा	त	स	छ	श	न	इ	उ
ञ	ऊ	ग	ह	ष	आ	व	ट	म	य	ह	उ	छ	◌ा	ड	उ
ध	◌्	र	◌ु	व	◌ी	य	ब	स	ल	◌ु	र	त	म	ट	ध
त	र	◌ा	ट	ए	भ	ष	घ	र	ठ	ष	म	इ	घ	न	श
◌ा	व	ह	ट	र	ख	र	च	व	◌्	ऊ	ध	◌ं	श	इ	य
प	म	◌ो	ट	थ	ढ	ल	ऊ	र	द	फ	ग	श	ड	श	श
म	ह	क	छ	व	ड	म	उ	ठ	ट	आ	ख	ट	य	ल	◌ा
◌ा	ध	ऊ	च	ब	ऊ	व	ध	न	ष	ख	ए	ब	ढ	द	◌ं
न	द	घ	ल	स	भ	ज	ल	व	◌ा	य	◌ु	◌ि	द	◌ा	त
उ	ष	◌्	ण	क	ट	◌ि	ब	◌ं	ध	◌ी	य	ज	ट	ब	न
ञ	ऊ	ढ	त	स	◌ू	ख	◌ा	ध	ध	भ	न	ल	न	ग	व
ए	ऊ	थ	ण	न	स	ऊ	ख	न	ख	ए	ड	◌ी	आ	व	द
ब	व	◌ं	ड	र	म	ख	ढ	छ	ह	न	द	ध	र	ध	य

इंद्रधनुष
वायुमंडल
शांत
आकाश
जलवायु
तूफ़ान
बर्फ
मानसून
कोहरा
बादल
ध्रुवीय
बिजली
सूखा
तापमान
आंधी
बवंडर
उष्णकटिबंधीय
गरज
नम
हवा

93 - Tecnologia

ऊ	ब	अ	स	◌्	क	◌्	र	◌ी	न	आ	घ	ध	घ	न	फ
ख	◌्	ट	न	◌े	र	ट	◌ं	इ	स	ब	ग	ब	न	र	ठ
भ	र	भ	ल	◌ु	ड	ग	द	ग	ढ	स	ए	स	ब	उ	ढ
ध	◌ा	श	श	ए	स	न	श	ए	छ	र	ञ	थ	च	न	ध
ग	उ	छ	न	छ	ञ	◌ं	ट	ट	ड	ह	य	य	ष	ए	ब
ञ	ज	र	ल	ल	ष	घ	ध	भ	ह	ड	इ	ह	आ	ञ	◌ा
भ	◌़	ऊ	प	स	ढ	न	च	◌ा	ष	ट	ए	आ	भ	च	इ
उ	र	न	ब	य	◌ॉ	श	ऊ	भ	न	ऊ	ह	ख	◌ा	य	ट
ड	ए	म	ञ	ण	ड	फ	फ	◌़	◌ॉ	न	◌्	ट	स	ड	◌्
य	◌ि	स	◌ं	ग	ण	क	◌्	क	◌ै	म	र	◌ा	◌ी	◌े	स
छ	फ	ज	थ	उ	इ	छ	र	ट	प	ए	ब	श	व	ट	ड
क	◌ी	य	◌ि	ख	◌्	◌ं	◌ा	स	व	ढ	ख	र	◌ा	◌ा	ग
य	ए	ख	ऊ	ट	म	ख	ख	श	द	◌े	◌ं	स	इ	फ	श
ष	ग	ह	छ	ग	ल	◌ॉ	◌्	ब	ग	ध	य	◌्	र	स	छ
फ	◌़	◌ा	इ	ल	स	◌ु	र	क	◌्	ष	◌ा	र	स	ध	श
ठ	श	इ	द	त	भ	ट	त	छ	ब	ब	भ	क	थ	ञ	य

फ़ाइल
ब्लॉग
बाइट्स
कैमरा
संगणक
कर्सर
डेटा
डिजिटल
सांख्यिकी
फ़ॉन्ट
इंटरनेट
संदेश
ब्राउज़र
अनुसंधान
सुरक्षा
सॉफ्टवेयर
स्क्रीन
आभासी
वाइरस

94 - Arte

व	म	उ	आ	य	श	य	ण	घ	ऊ	ख	प	ई	ऊ	इ	ञ
च	◌्	◌ू	ट	ग	फ	उ	ट	ञ	स	ल	◌्	म	ञ	भ	ठ
त	फ	य	र	व	श	न	ड	न	म	च	र	◌ा	भ	ल	ह
ख	ह	ष	क	◌्	ल	र	ट	ठ	ल	ट	◌े	न	ष	श	न
र	द	ि◌	छ	◌्	त	भ	च	द	ध	ण	र	द	ज	◌ा	त
ष	ण	व	ह	म	त	ि◌	घ	इ	ब	ष	ि◌	◌ा	ट	द	ट
ष	छ	ष	ख	ड	ब	ि◌	क	ड	ल	ध	त	र	ि◌	◌ो	भ
प	ट	ण	द	ड	भ	य	ग	ल	र	स	फ	ए	ल	न	छ
ठ	इ	ल	ख	ण	छ	ष	ए	त	◌ा	च	क	प	ख	म	घ
अ	त	ि◌	य	थ	◌ा	र	◌्	थ	व	◌ा	द	व	ड	◌ू	ठ
ह	र	श	ब	प	◌्	र	त	◌ी	क	न	उ	प	ि◌	ल	ऊ
स	ि◌	र	◌े	म	ि◌	क	स	व	य	च	य	म	छ	त	न
ष	त	ऊ	म	छ	ब	छ	ड	फ	श	र	श	ख	त	च	◌ा
म	◌्	अ	भ	ि◌	व	◌्	य	क	◌्	त	ि◌	स	इ	उ	◌ा
न	ि◌	ऊ	ष	प	द	र	थ	ऊ	◌ृ	ण	श	स	ल	ऊ	न
ष	च	भ	ट	थ	त	त	ब	ब	द	ब	ण	ऊ	श	च	ब

सिरेमिक
जटिल
रचना
बनाना
मूर्तिकला
अभिव्यक्ति
ईमानदार
मनोदशा
प्रेरित
मूल
व्यक्तिगत
कविता
चित्रित
सरल
प्रतीक
विषय
अतियथार्थवाद
दृश्य

95 - Diplomacia

न	◌ा	ग	र	ि◌	क	◌ो	◌ं	ड	न	◌ी	त	ि◌	म	ऊ	श
च	स	ट	ख	ञ	ऊ	ष	ष	थ	ह	ध	ि◌	◌ं	स	ख	छ
ढ	ऊ	ण	ष	च	घ	फ	ए	छ	ग	त	न	ए	ट	च	घ
ऊ	स	ऊ	र	र	छ	ह	ष	भ	उ	ब	◌ी	द	त	ढ	फ
च	ल	◌ु	त	फ	ञ	ट	ढ	व	फ	न	ज	◌ू	य	ट	म
च	उ	ग	र	क	◌ा	ह	◌ा	ल	स	ए	◌ा	त	च	ढ	◌ा
र	प	र	ष	क	ध	ण	भ	उ	प	ग	र	◌ा	ठ	थ	न
◌्	र	त	म	ल	◌्	न	◌्	य	◌ा	य	ल	व	ञ	इ	व
च	न	ऊ	ब	ऊ	ग	ष	ग	आ	ण	र	य	◌ा	उ	र	◌ी
◌ा	ण	ठ	उ	द	◌ो	भ	◌ा	ह	ध	◌ा	ध	स	थ	◌ा	य
अ	र	◌ा	ज	न	य	ि◌	क	स	◌ं	क	ल	◌्	प	ज	ठ
ख	ख	ब	य	ध	ह	द	स	◌ं	घ	र	◌्	ष	श	द	ल
◌ं	ऊ	छ	ष	◌ा	स	थ	◌ा	द	ऊ	स	न	ध	उ	◌ू	श
ड	इ	म	र	◌ा	छ	ड	र	◌ु	श	य	व	ऊ	द	त	ट
त	प	व	आ	म	ऊ	र	म	श	म	भ	◌ा	ष	◌ा	ओ	◌ं
◌ा	ह	न	घ	स	ढ	म	ञ	फ	घ	स	ठ	थ	ष	फ	ण

नागरिकों
समुदाय
संघर्ष
सलाहकार
सहयोग
राजनयिक
चर्चा
दूतावास
राजदूत
नीति
सरकार
मानवीय
अखंडता
न्याय
भाषाओं
राजनीति
संकल्प
सुरक्षा
समाधान
संधि

96 - Comida # 2

व	आ	ए	छ	छ	म	द	◌ा	◌ा	ब	छ	उ	उ	ठ	उ	म
ठ	ट	त	स	घ	ग	ट	ह	अ	◌ं	ग	◌ू	र	थ	ष	श
ग	◌े	ह	◌ू	◌ॅ	उ	श	ल	◌ी	क	◌ो	र	◌ो	◌्र	ब	र
स	ग	इ	छ	च	र	ए	न	ग	◌ं	◌ै	ब	न	इ	ऊ	◌ू
अ	◌ं	ड	◌ा	आ	च	त	क	च	ए	त	च	◌े	र	◌ी	म
न	म	द	ख	भ	च	च	◌ि	घ	◌ॉ	त	स	ढ	स	ड	द
श	भ	ट	इ	श	ग	छ	च	आ	न	क	च	थ	◌ी	◌ा	ह
ञ	र	च	भ	ब	र	ष	च	त	ञ	ष	ल	◌ा	◌े	क	ण
भ	ग	प	म	ए	ध	छ	र	स	ण	ढ	व	◌े	ग	य	ठ
ठ	ढ	थ	ए	त	द	छ	प	म	छ	ल	◌ी	ग	ट	म	प
न	ञ	ष	व	ध	ण	ढ	न	◌ै	ल	ढ	◌ी	य	उ	ह	ण
ऊ	य	छ	ए	ञ	ख	फ	◌ी	ह	व	न	क	ह	न	छ	आ
म	ध	प	ध	ऊ	च	श	र	ट	◌ा	म	ट	भ	ष	ग	व
ऊ	श	श	व	ठ	ड	ञ	ढ	इ	च	श	ध	इ	द	द	ध
द	ञ	ख	व	भ	ञ	फ	ड	भ	ञ	छ	द	स	ड	प	ष
त	ए	ट	ब	फ	स	प	इ	व	फ	फ	उ	म	ल	छ	घ

हाथी चक
बादाम
चावल
केला
बैंगन
ब्रोकोली
चेरी
चॉकलेट
मशरूम
चिकन

दही
कीवी
सेब
अंडा
मछली
हैम
पनीर
टमाटर
गेहूँ
अंगूर

97 - Universo

द	◌ँ	◌ा	च	न	ञ	ट	ग	ह	फ	छ	ए	ञ	छ	ट	र
क	◌ृ	म	र	क	◌्	ष	◌ि	त	◌ि	ज	त	र	थ	र	ट
◌्	ण	श	भ	◌ू	म	ध	◌्	य	र	◌े	ख	◌ा	ठ	त	घ
ष	ल	◌ि	◌्	ख	ग	◌ो	ल	व	◌ि	ज	◌्	ञ	◌ा	न	◌ी
◌ु	ब	◌ा	छ	य	इ	न	म	ल	श	इ	ग	उ	उ	◌्	प
द	आ	र	थ	श	म	थ	श	ञ	◌ौ	ऊ	ष	ह	ठ	श	ण
◌्	क	थ	उ	◌ी	ष	◌ा	◌्	क	क	क	त	आ	क	◌ा	श
र	◌ा	ह	व	◌ा	प	ऊ	न	ठ	फ	आ	◌ि	घ	प	◌े	व
ग	श	छ	ग	क	ग	द	ठ	ट	ट	म	र	क	ध	द	◌ा
◌्	ग	द	च	आ	ऊ	इ	आ	ण	य	म	◌ा	इ	ल	ए	य
र	◌ं	ह	◌ू	ग	◌ो	ल	◌ा	र	◌्	ध	◌ं	च	ग	त	◌ु
ह	ग	ट	ष	र	थ	ढ	ठ	ट	ख	ड	क	छ	थ	प	म
ऊ	◌ा	ठ	ठ	घ	ब	ड	ढ	ख	च	ष	◌्	ह	ए	ग	◌ं
ऊ	म	ऊ	इ	ल	य	◌ी	स	म	ध	छ	◌ं	ऊ	स	उ	ड
अ	क	◌्	ष	◌ा	◌ं	श	न	ष	ञ	इ	स	छ	◌ौ	ऊ	ल
ख	ग	◌ो	ल	व	◌ि	ज	◌्	ञ	◌ा	न	ढ	ध	र	ह	भ

क्षुद्रग्रह
खगोल विज्ञान
खगोल विज्ञानी
वायुमंडल
आकाशीय
आकाश
लौकिक
भूमध्य रेखा
आकाशगंगा
गोलार्ध
क्षितिज
अक्षांश
देशान्तर
चाँद
कक्षा
सौर
संक्रांति
दूरबीन
दृश्यमान
राशि

98 - Jazz

प	च	ड	ध	उ	फ	ध	स	प	◌्	र	त	◌ि	भ	◌ा	ऊ
श	◌्	ड	ष	त	इ	ष	ऊ	च	ए	व	व	ण	घ	ड	ढ
व	आ	र	◌ा	ट	◌्	स	◌्	क	◌े	◌्	र	ऑ	ढ	श	ष
भ	घ	क	स	य	ध	आ	ए	भ	ह	स	ल	इ	ध	भ	श
छ	ख	◌ा	क	◌ि	ए	क	ल	ख	न	◌ा	र	◌ा	◌ु	प	ष
इ	य	◌ा	द	◌ा	द	◌ी	◌ं	स	प	य	न	थ	इ	न	ञ
स	प	ल	ध	न	म	◌्	त	◌ा	ल	ब	◌ा	ग	ध	ऊ	ण
ए	र	क	ब	च	उ	च	ध	प	◌्	र	भ	◌ा	व	ज	स
ख	ण	ऊ	य	र	आ	उ	ल	◌ी	◌ै	श	प	ऊ	ऊ	◌़	ब
उ	ल	ढ	घ	ए	ए	ह	ए	◌ा	र	ल	ड	ए	ह	◌ो	इ
व	स	व	ष	श	थ	र	ए	उ	ऊ	भ	ट	ए	ख	र	भ
म	ऊ	घ	ग	उ	थ	य	म	प	च	ए	ल	◌्	ब	म	ग
ठ	य	च	श	ह	ह	द	न	म	श	ऊ	ढ	ढ	ढ	त	ट
ण	त	क	न	◌ी	क	ख	घ	ह	ञ	ब	उ	ढ	ल	श	ध
ल	स	म	स	◌ं	ग	◌ी	त	क	◌ा	र	ण	म	घ	उ	ख
स	◌ं	ग	◌ी	त	◌ी	ग	द	ए	फ	ड	◌्	र	म	ल	म

कलाकार
एल्बम
ड्रम
गीत
रचना
संगीतकार
शैली
ज़ोर
प्रसिद्ध
पसंदीदा
कामचलाऊ
प्रभाव
संगीत
नया
ऑर्केस्ट्रा
ताल
एकल
प्रतिभा
तकनीक
पुराना

99 - Barcos

स	म	प	घ	त	म	प	स	प	र	त	न	ठ	श	उ	भ
ग	◌े	ध	ट	श	ण	स	म	छ	छ	थ	◌ौ	द	प	ए	प
त	ध	ल	ग	घ	ह	श	◌ु	ल	ध	प	क	म	ष	ए	स
न	य	ऊ	ब	ण	ञ	र	द	◌ी	◌ो	ग	◌ा	ट	च	य	च
ठ	ञ	ड	स	◌ो	ट	ब	◌्	द	प	ठ	ख	ड	थ	ट	च
ड	ल	श	ञ	द	ट	इ	र	न	स	◌ा	ग	र	ढ	घ	ह
य	ड	ख	त	ब	ड	ह	◌ी	न	म	स	◌्	त	◌ू	ल	आ
ध	स	क	श	◌्	त	◌ी	द	ल	क	◌्	र	◌ू	ठ	◌ी	र
ठ	छ	इ	ठ	र	आ	ञ	◌्	◌ं	◌े	र	ह	ल	य	झ	म
भ	ष	थ	ड	व	स	भ	◌ु	ग	ड	◌़	◌ा	◌े	ब	आ	स
र	ब	◌ो	य	◌ा	ण	◌्	म	र	◌ो	न	◌ा	व	◌ि	क	ह
ष	छ	ट	फ	◌्	ञ	ल	स	म	◌ं	ग	च	श	च	ह	भ
स	य	ञ	श	ज	थ	म	स	◌ी	ग	ध	ढ	छ	च	आ	प
ह	थ	स	ह	ठ	त	भ	ह	थ	◌ी	ख	घ	म	छ	द	आ
आ	ष	व	त	च	ऊ	च	ष	घ	च	ष	ठ	ड	ख	ध	ञ
इ	◌ं	ज	न	त	ञ	ढ	ढ	प	प	उ	ख	ल	उ	च	ष

लंगर
बोया
कश्ती
डोंगी
रस्सी
गोदी
नौका
बेड़ा
झील
समुद्र
ज्वार
नाविक
मस्तूल
इंजन
समुद्री
सागर
लहरें
नदी
क्रू
सेलबोट

100 - Mamíferos

श	द	भ	द	ऊ	च	भ	भ	द	घ	ब	ल	ह	◌े	◌्	व
उ	ह	प	थ	फ	भ	स	फ	ब	ष	घ	◌ो	◌ु	फ	छ	ल
ब	च	म	ध	ग	ज	◌ि	र	◌ा	फ	◌़	म	ट	ब	ढ	◌ा
ब	◌ि	ल	◌्	ल	◌ी	ष	र	त	व	छ	ड	◌़	◌े	भ	◌ि
ड	र	◌ू	ग	◌ा	◌ं	क	◌ो	य	◌ो	ट	◌़	य	प	ग	ब
उ	घ	◌े	ब	ढ	द	ब	ल	व	ब	थ	◌ो	◌ा	ह	◌ो	द
ब	ष	ल	श	◌ो	ग	र	ख	उ	ट	ष	आ	ड	ट	र	ऊ
ण	◌ं	ब	ऊ	य	ग	ड	◌़	◌ा	◌ो	घ	उ	◌़	क	◌ि	ऊ
उ	भ	द	ऊ	◌ॅ	ट	◌ॉ	न	न	उ	फ	द	◌ि	◌ु	ल	ट
ब	ख	छ	र	ऊ	ष	ल	ग	ध	श	ध	च	◌े	त	◌्	य
ष	ह	थ	◌ा	ट	ञ	◌्	ठ	र	घ	च	फ	भ	◌्	ल	ख
उ	श	ग	ब	ठ	ण	फ	घ	ट	म	ख	द	ञ	त	◌ा	छ
इ	च	ठ	◌े	भ	घ	◌ि	ट	इ	र	ठ	ड	आ	◌ा	ऊ	छ
भ	ब	न	◌़	प	फ	न	उ	च	ष	ग	उ	ध	ऊ	ठ	च
च	ग	घ	ज	भ	थ	ण	ध	न	व	ध	त	ट	ह	फ	छ
आ	आ	उ	त	छ	ऊ	प	व	थ	ठ	ण	उ	इ	स	द	ण

व्हेल
ऊँट
कंगारू
ऊदबिलाव
घोड़ा
कुत्ता
खरगोश
कोयोट
हाथी
बिल्ली
जिराफ़
डॉल्फिन
गोरिल्ला
शेर
भेड़िया
बंदर
भेड़
लोमड़ी
बुल
ज़ेबरा

1 - Dirigindo

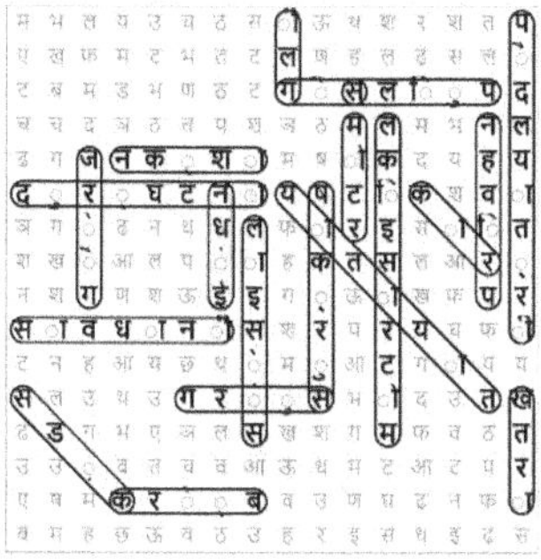

2 - Antiguidades

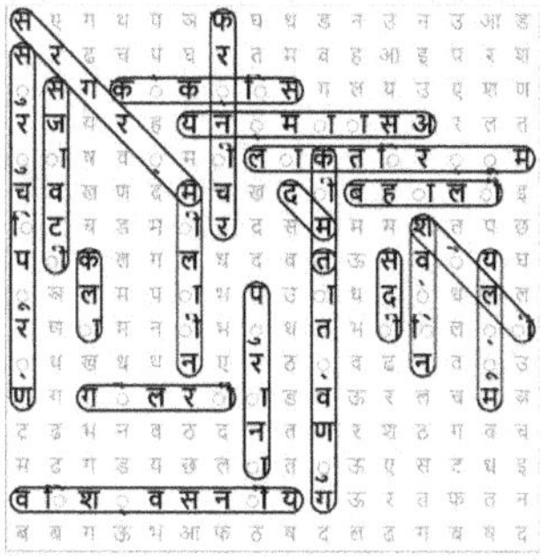

3 - Churrascos

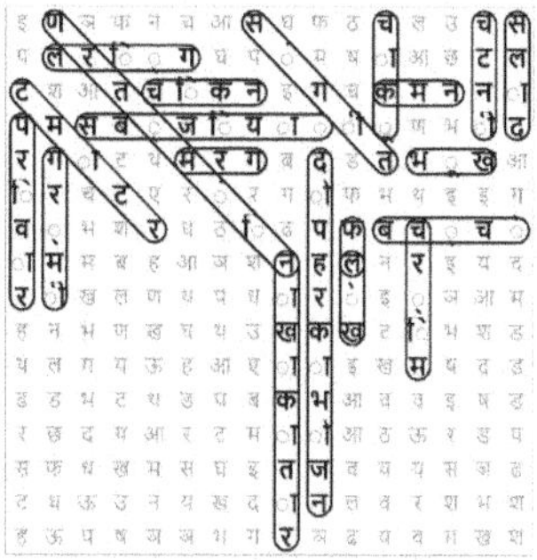

4 - Pesca

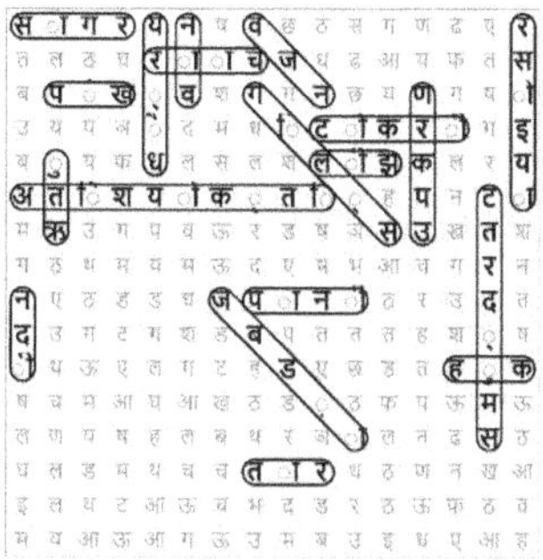

5 - Geologia

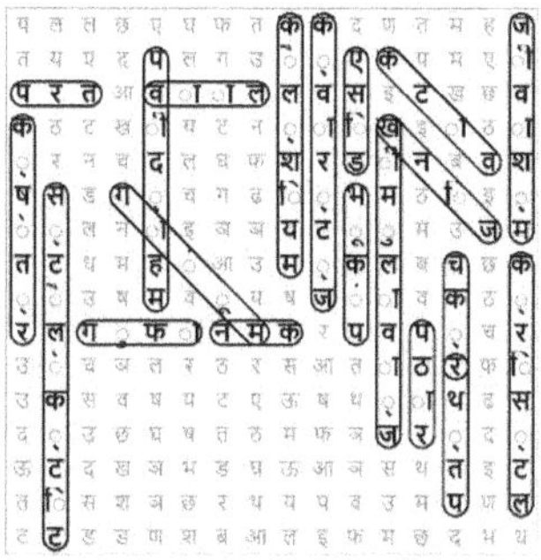

6 - Ética

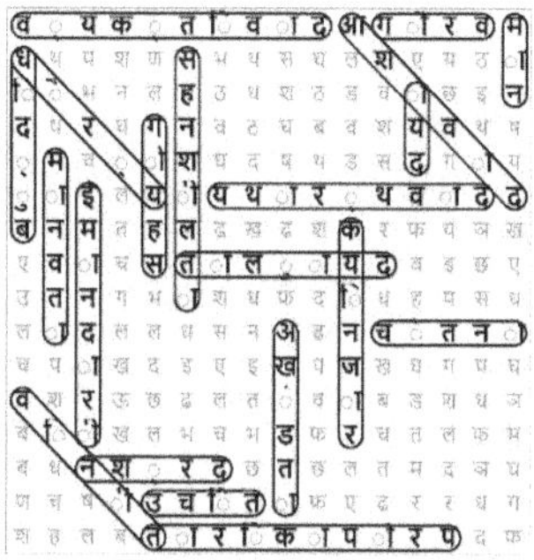

7 - Tempo

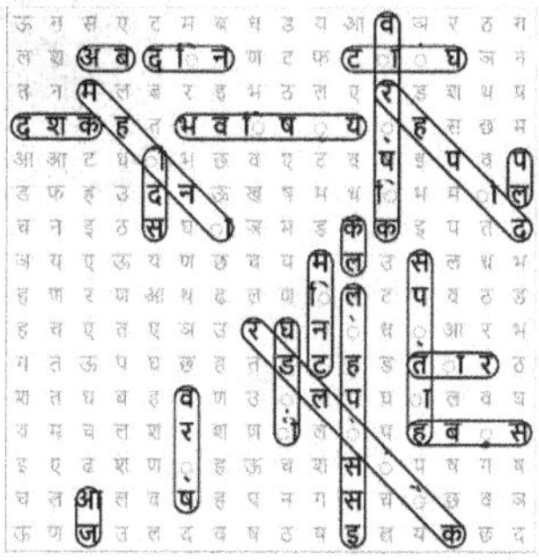

8 - Astronomia

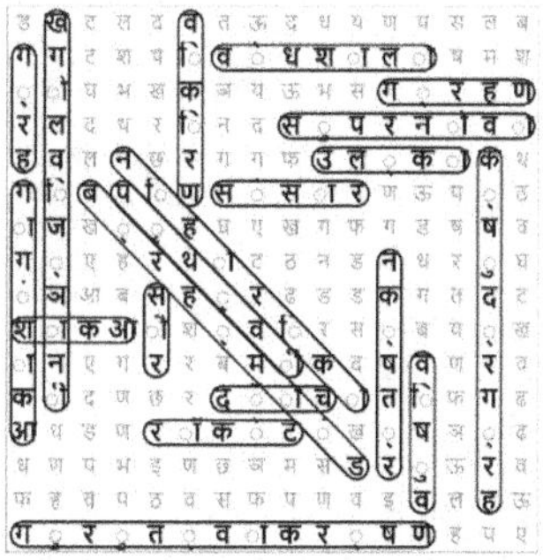

9 - Acampamento

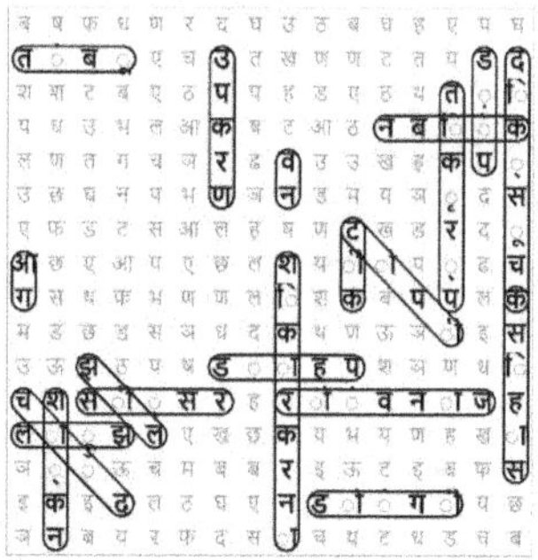

10 - Ficção Científica

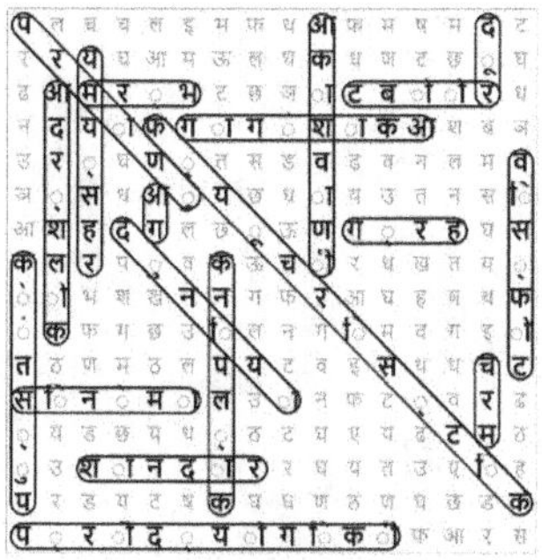

11 - Mitologia

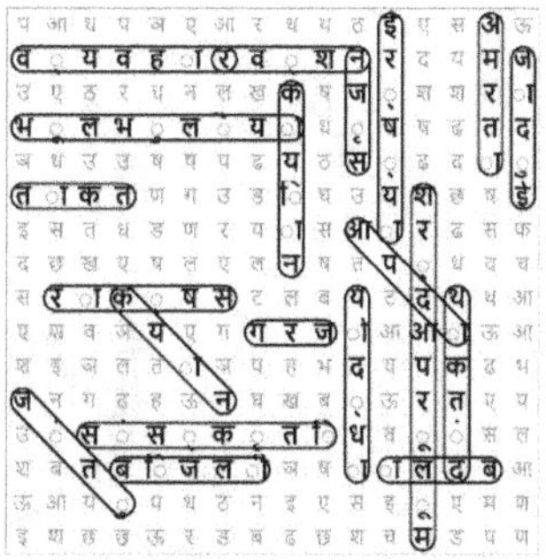

12 - Medições

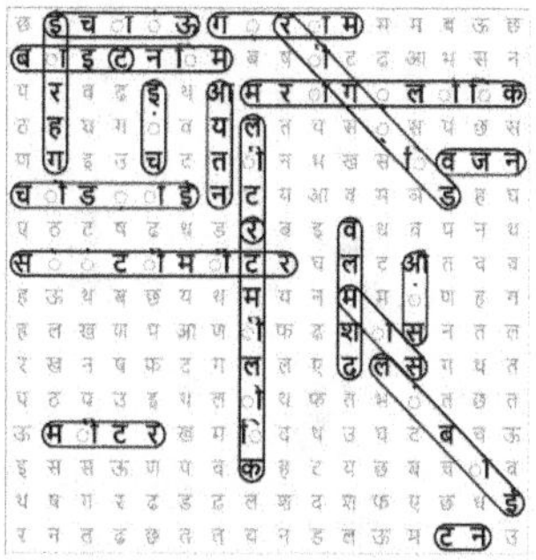

13 - Álgebra

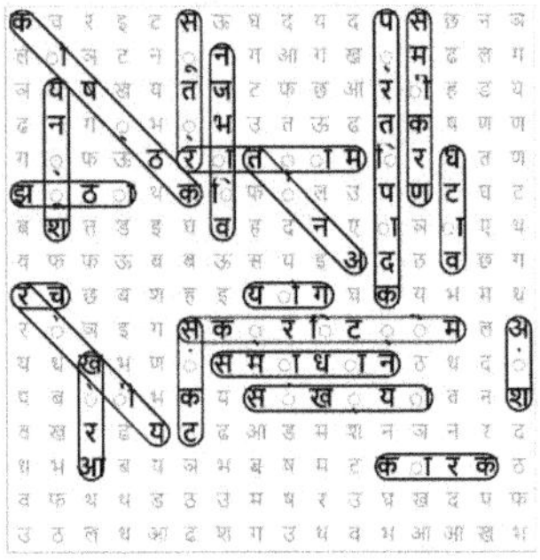

14 - Plantas

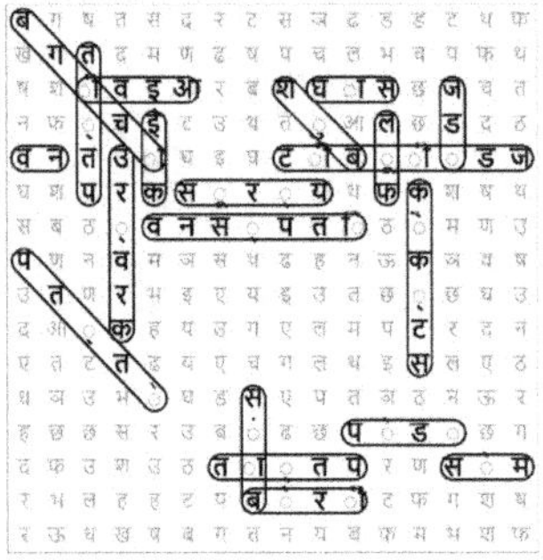

15 - Veículos

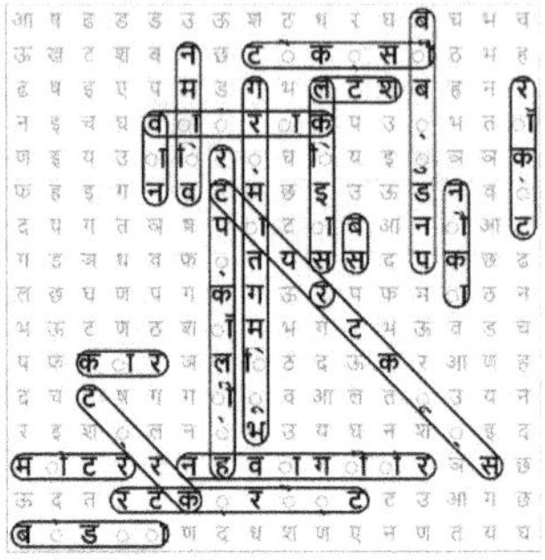

16 - Engenharia

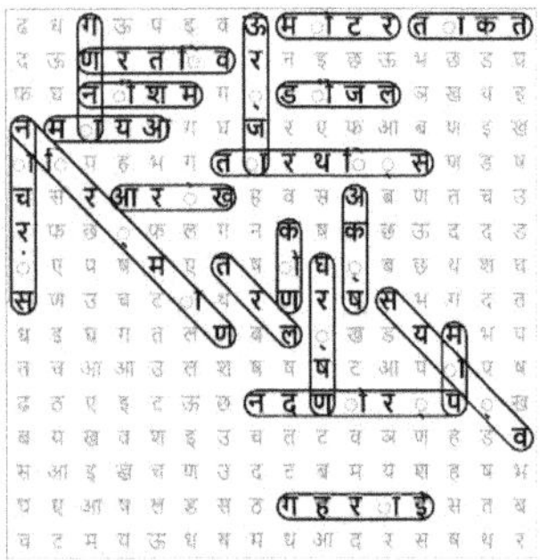

17 - Restaurante #2

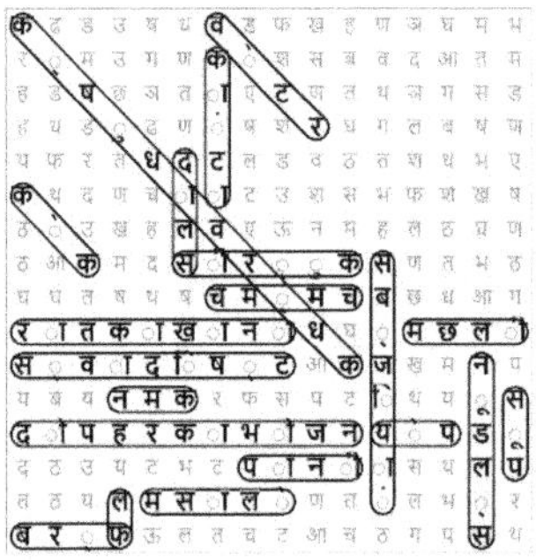

18 - Países #2

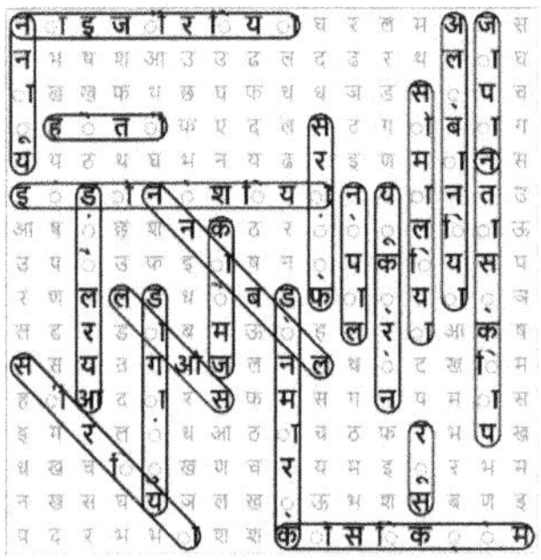

19 - Material de Arte

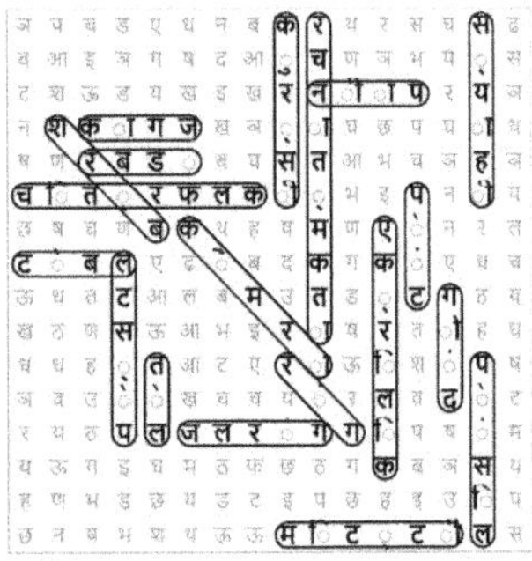

20 - Números

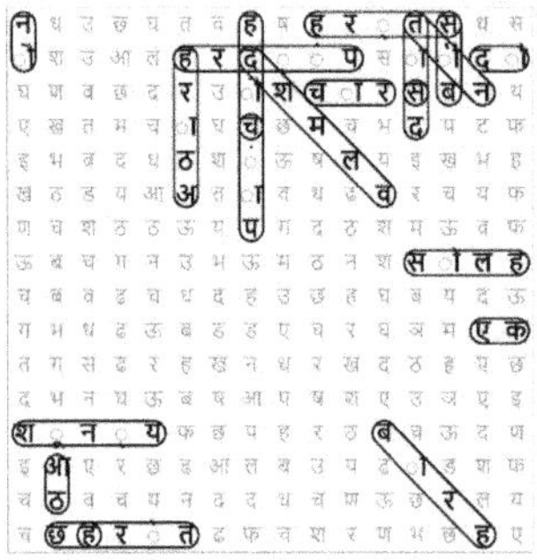

21 - Física

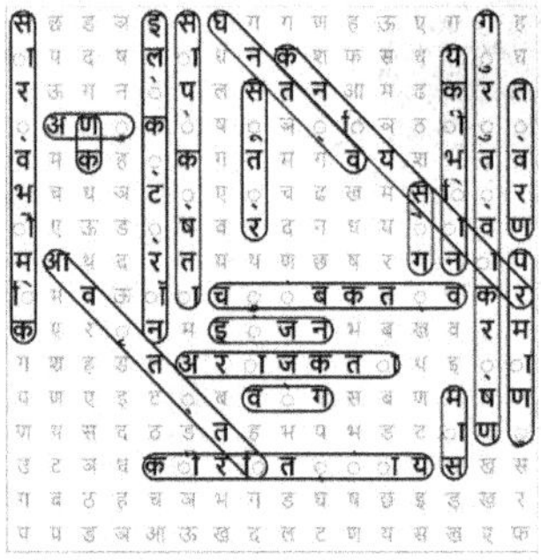

22 - Especiarias

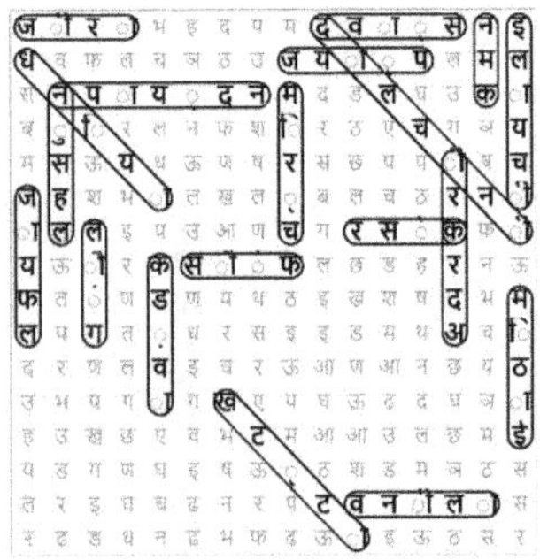

23 - Países #1

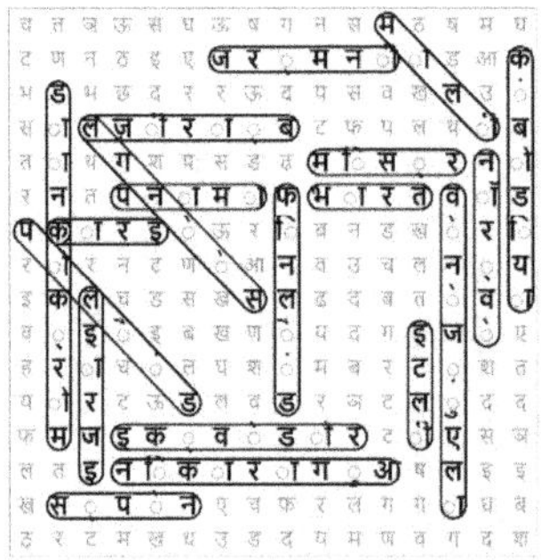

24 - A Mídia

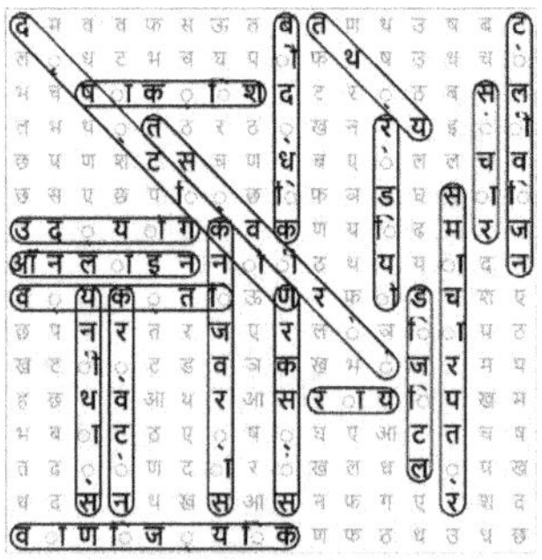

25 - Casa

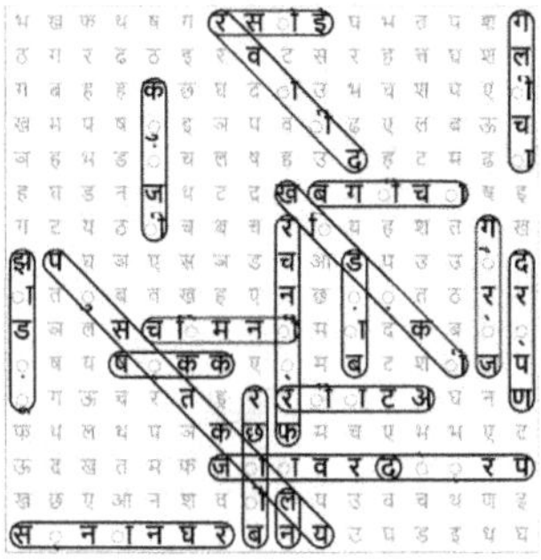

26 - Vegetais

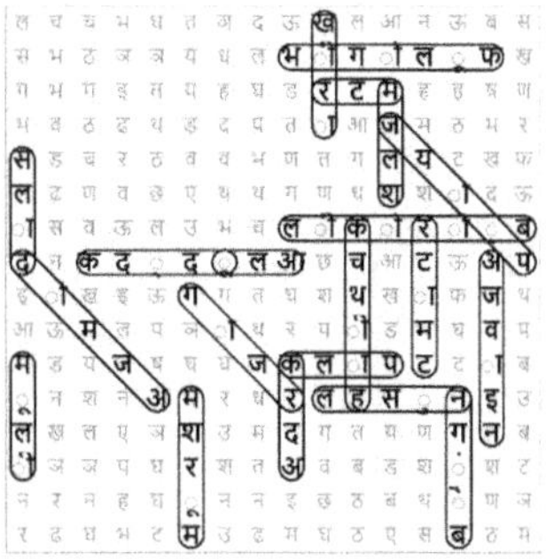

27 - Balé

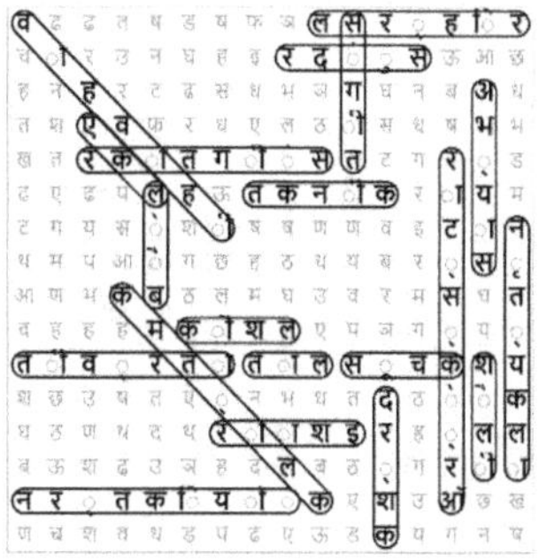

28 - Adjetivos #1

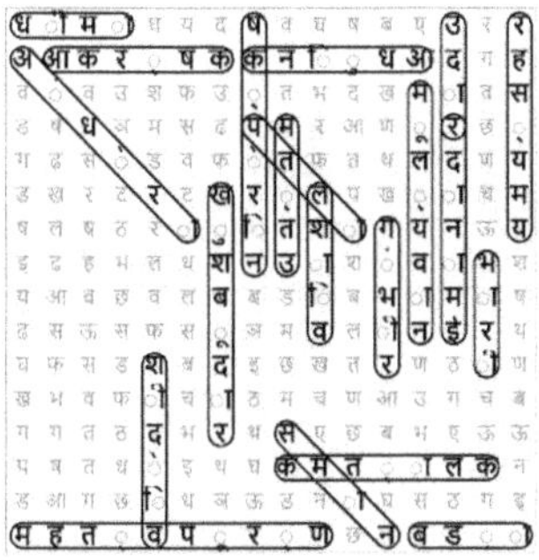

29 - Psicologia

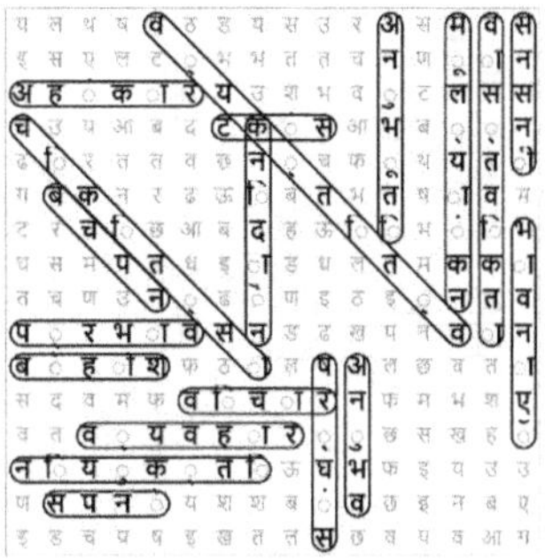

30 - Paisagens

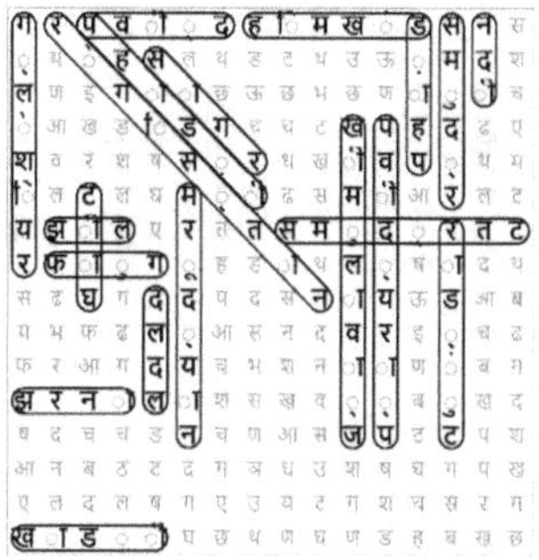

31 - Dança

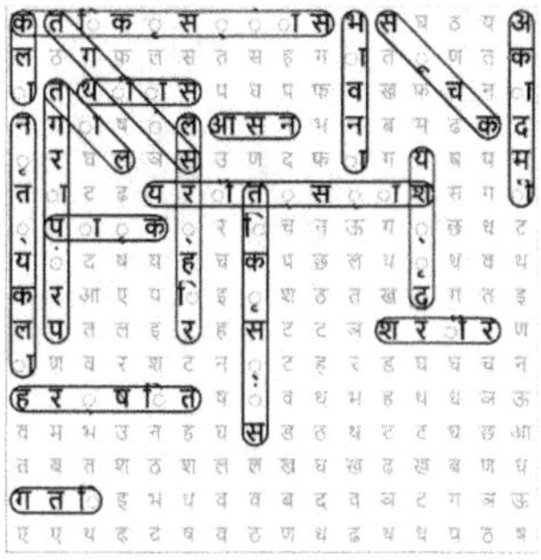

32 - Nutrição

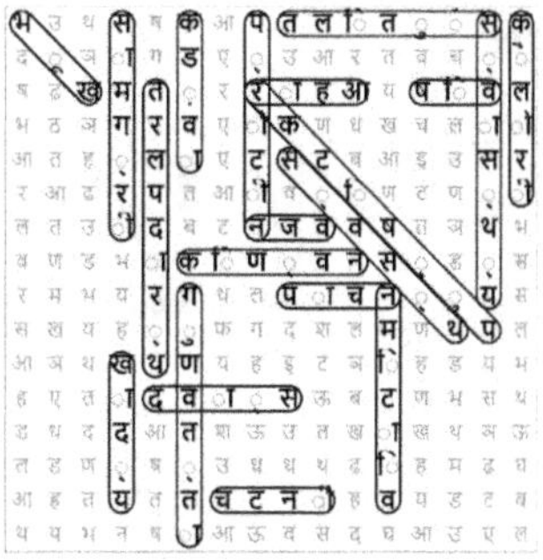

33 - Energia

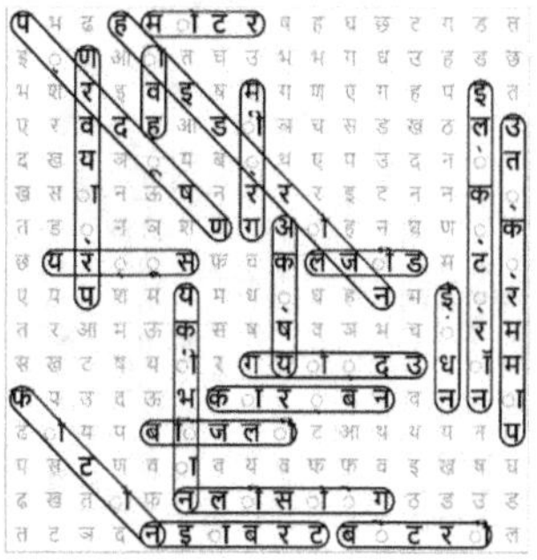

34 - Disciplinas Científicas

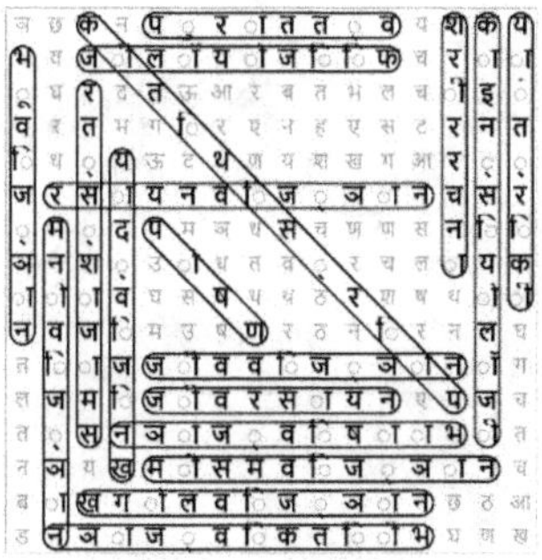

35 - Meditação

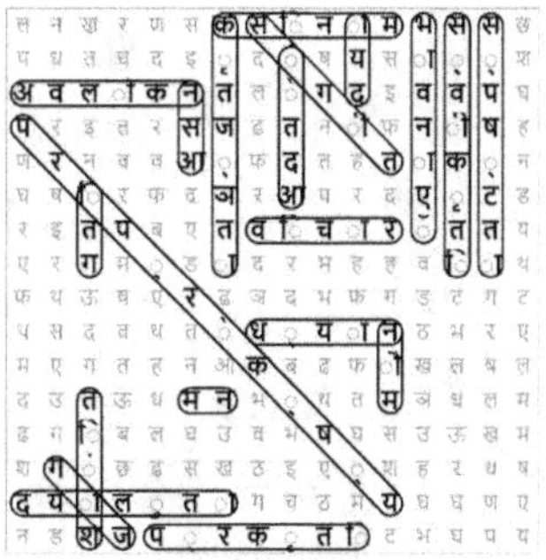

36 - Artes Visuais

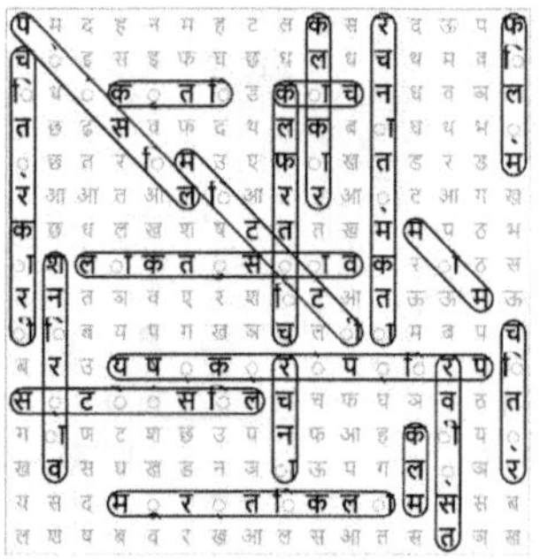

37 - Moda

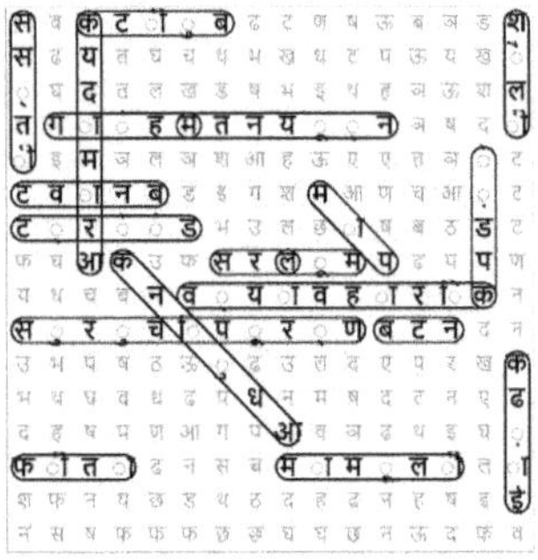

38 - Adjetivos #2

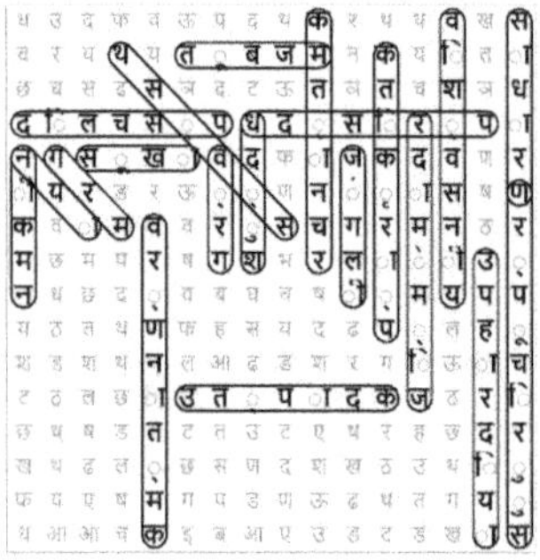

39 - Roupas

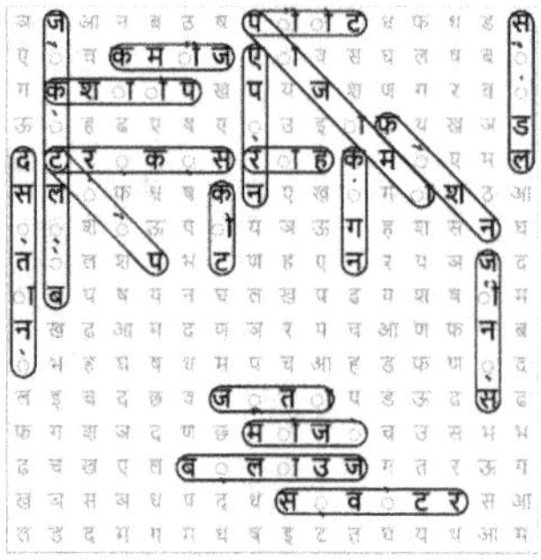

40 - Herbalismo

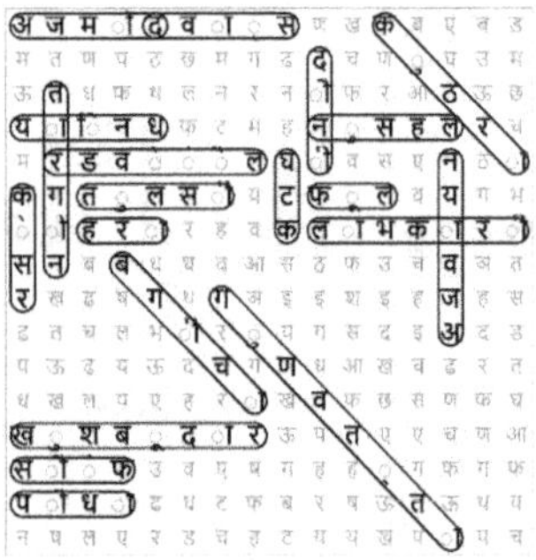

41 - Arqueologia

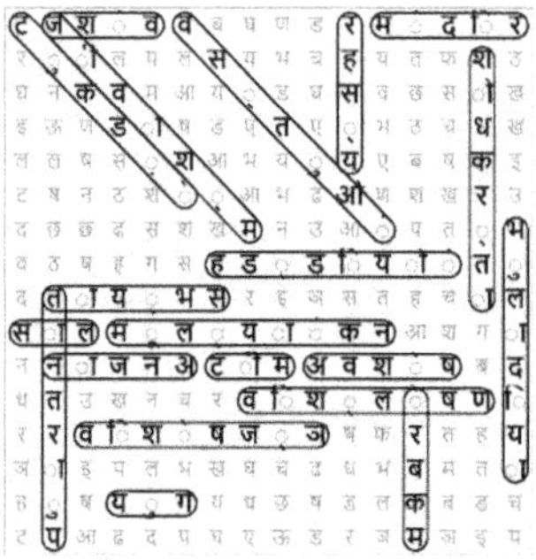

42 - Esporte

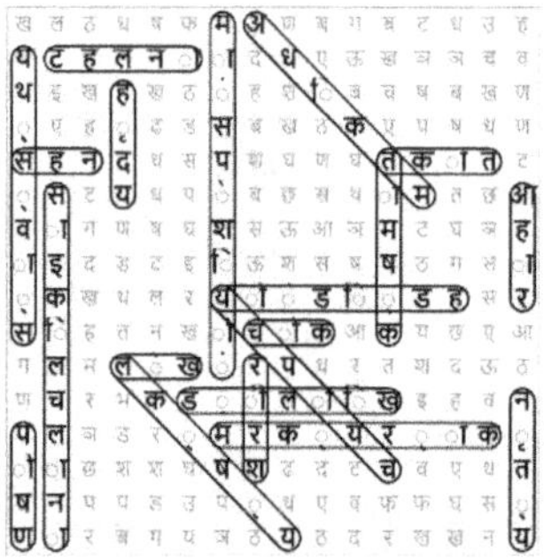

43 - Agronomia

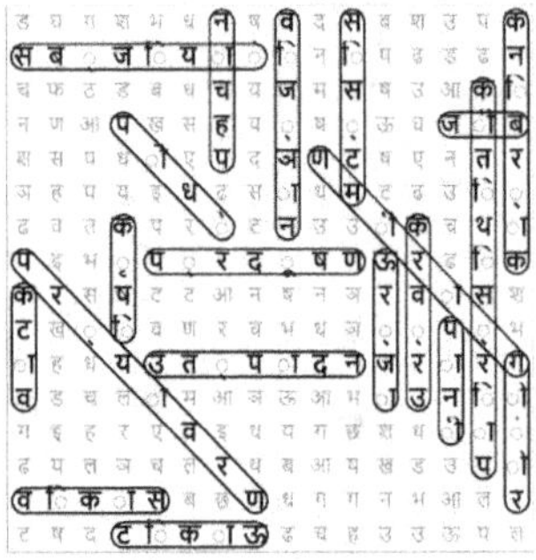

44 - Frutas

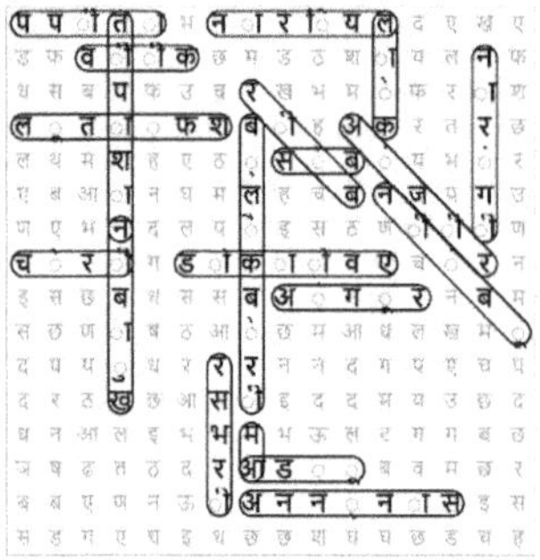

45 - Corpo Humano

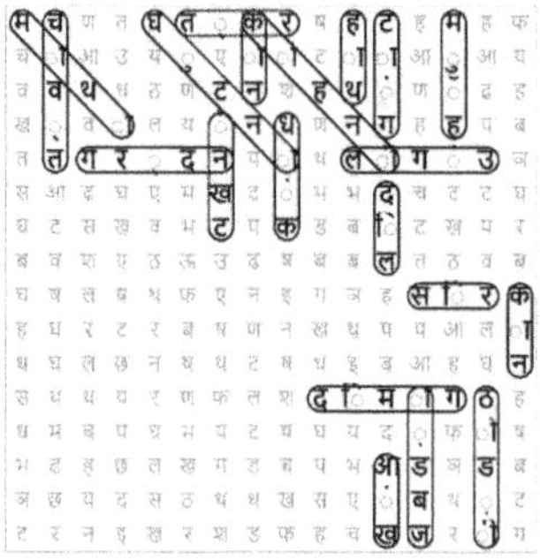

46 - Caminhada

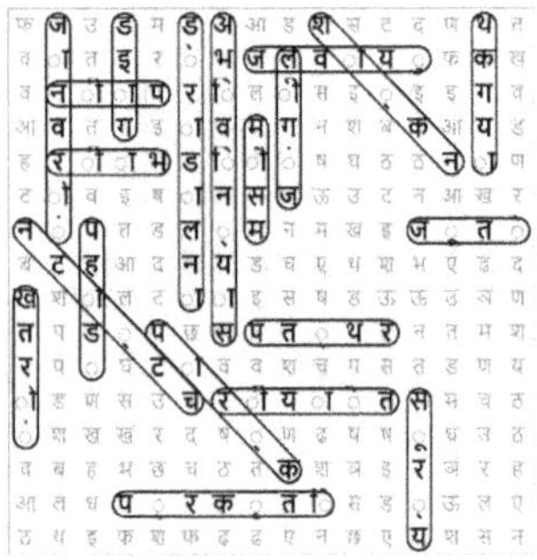

47 - Biologia

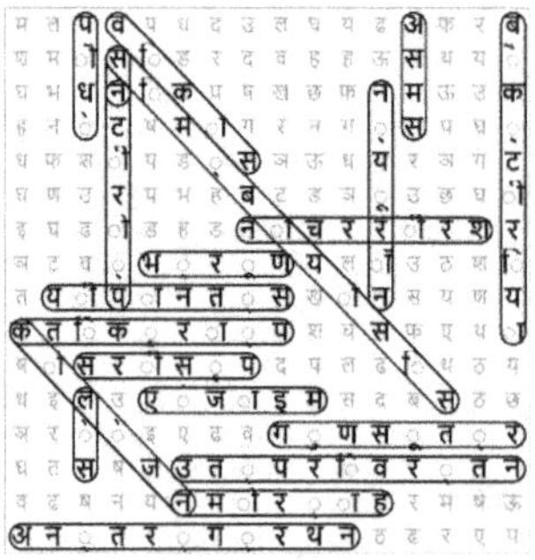

48 - Beleza

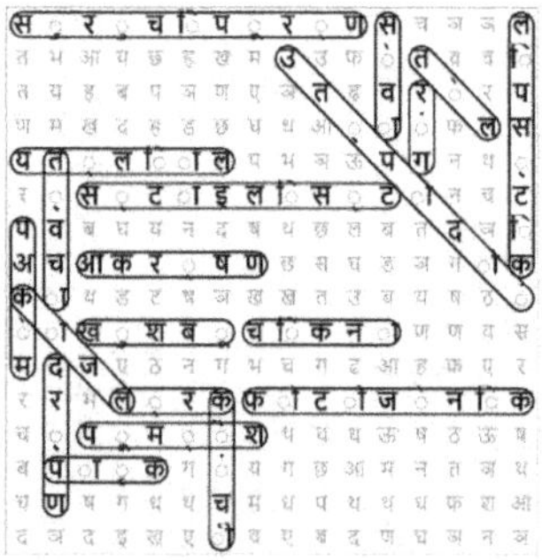

49 - Filantropia

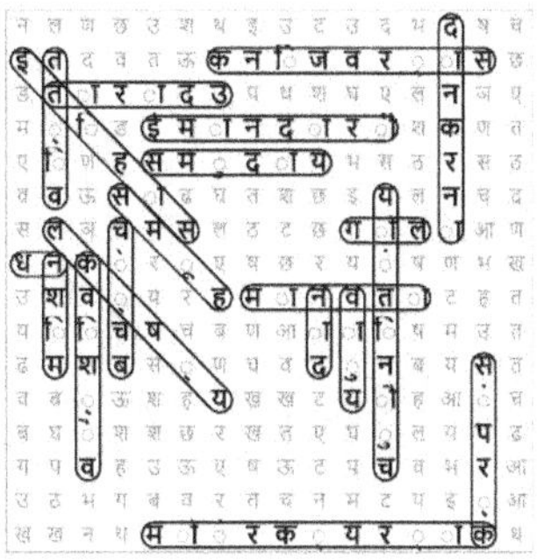

50 - Ecologia

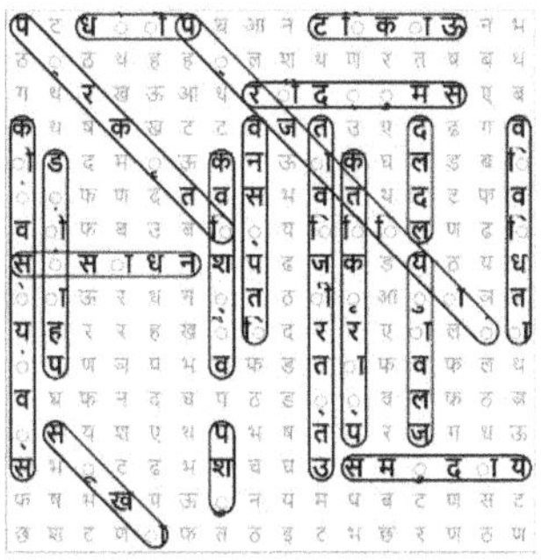

51 - Família

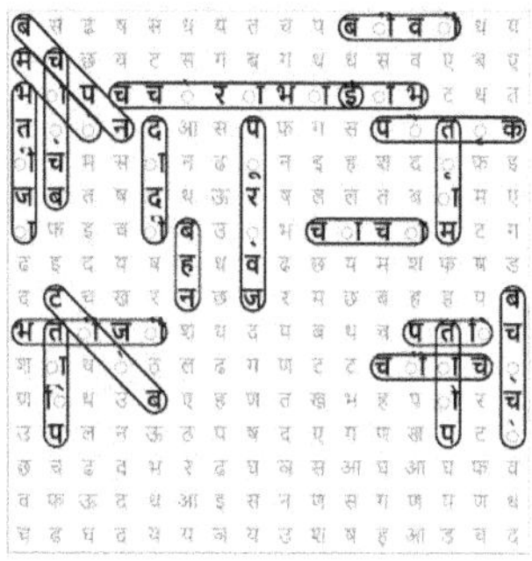

52 - Férias #2

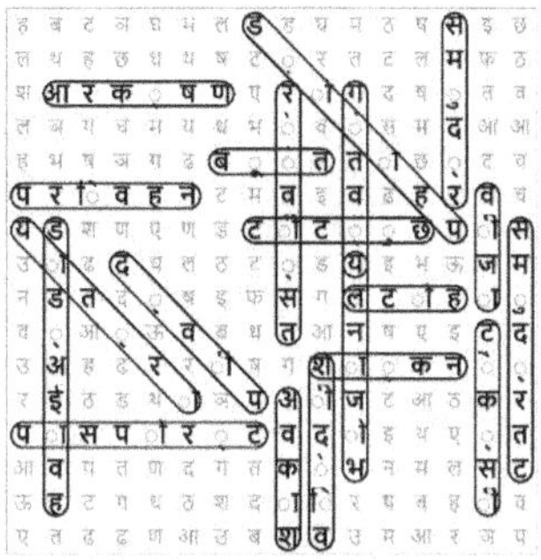

53 - Edifícios

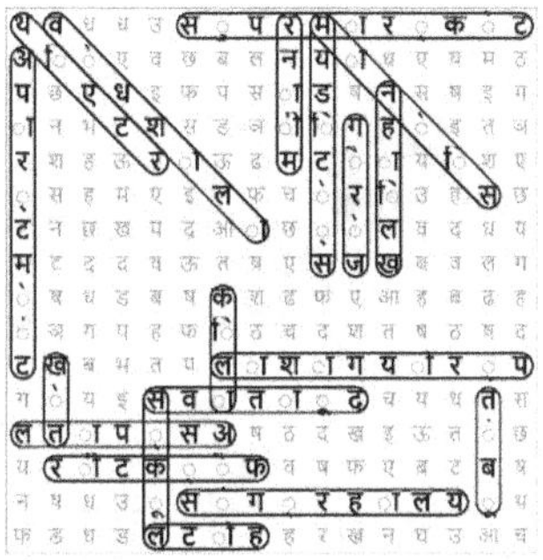

54 - Xadrez

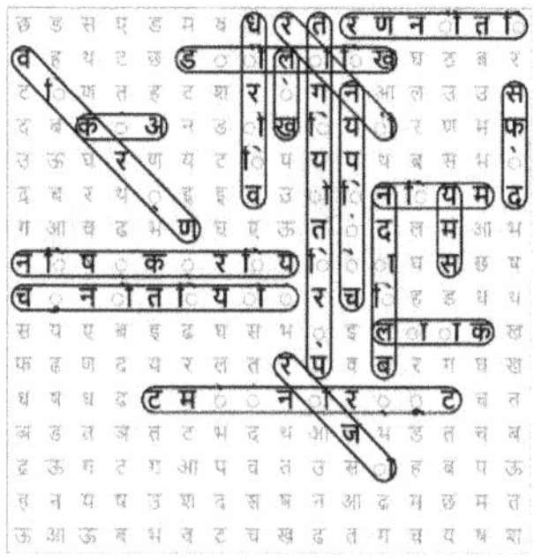

55 - Aventura

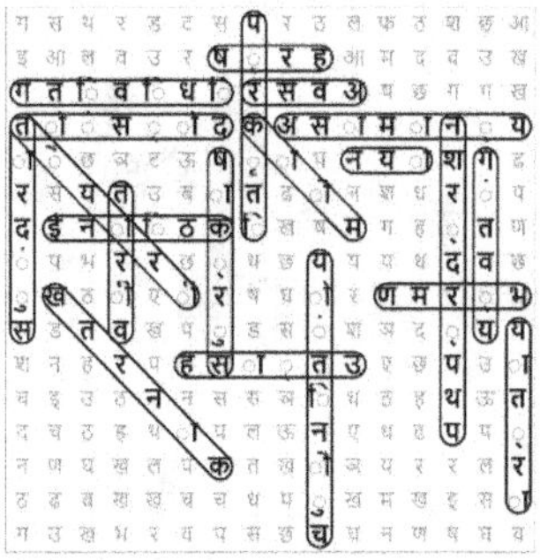

56 - Floresta Tropical

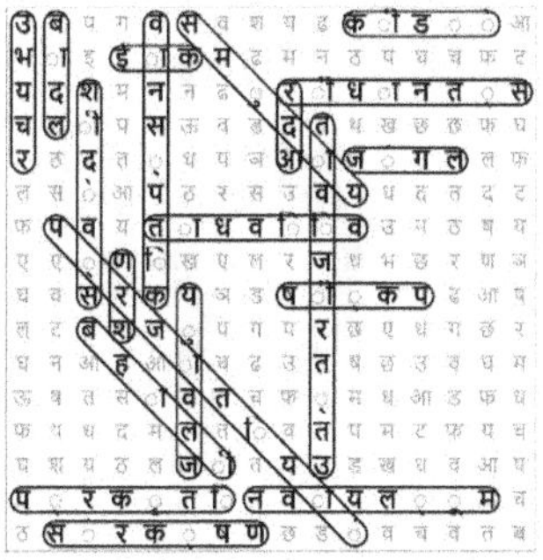

57 - Cidade

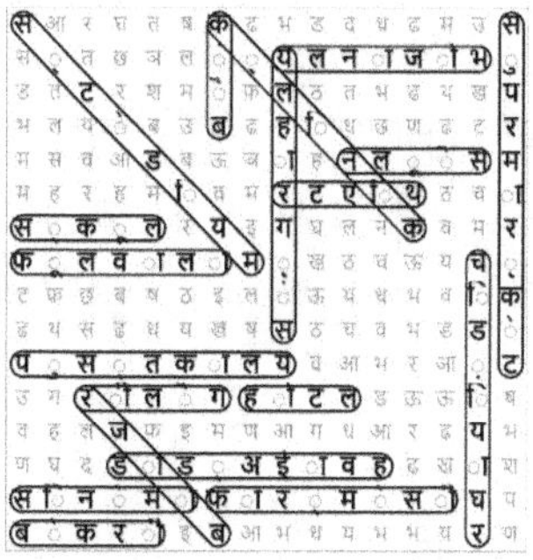

58 - Música

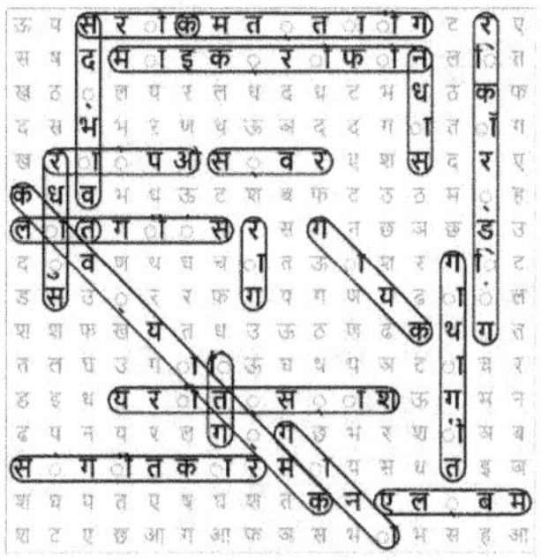

59 - Matemática

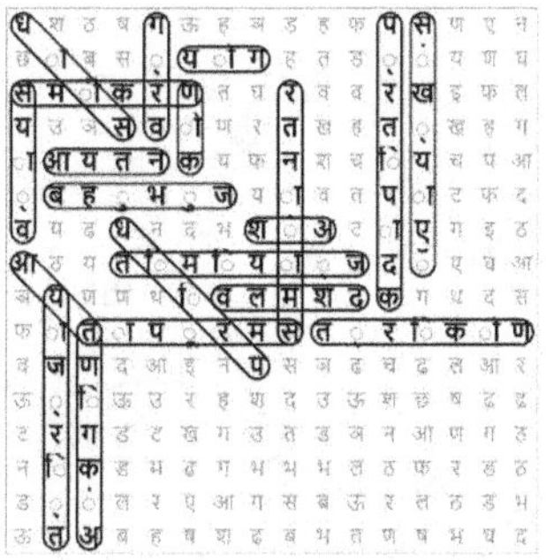

60 - Saúde e Bem Estar #1

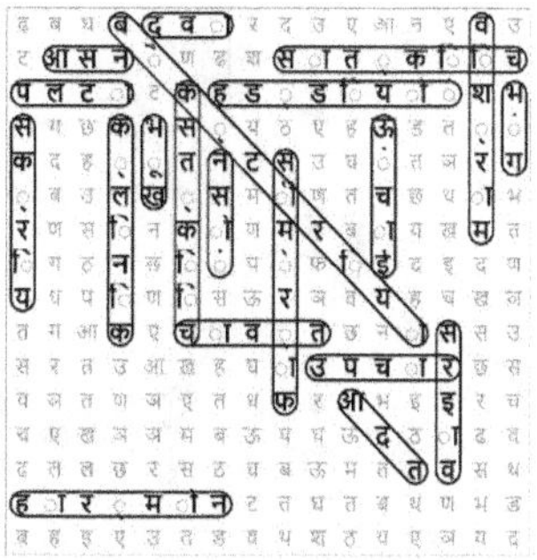

61 - Imigração

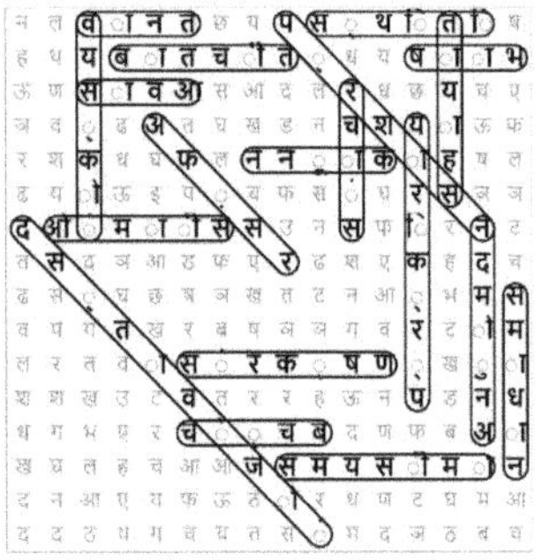

62 - Natureza

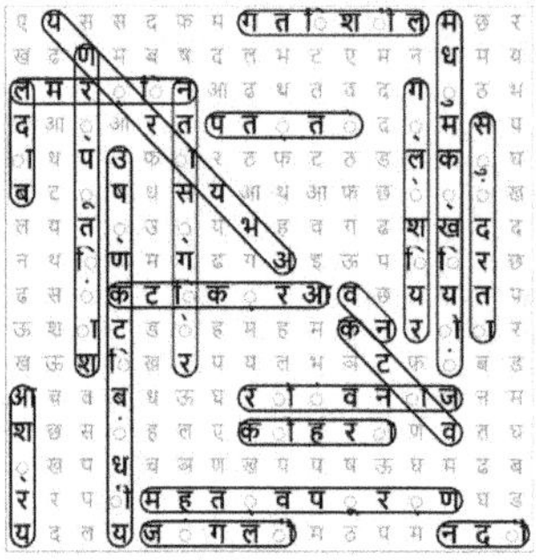

63 - A Empresa

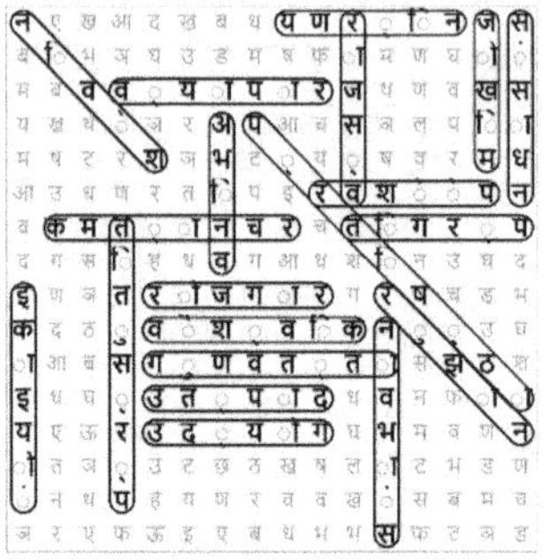

64 - Doença

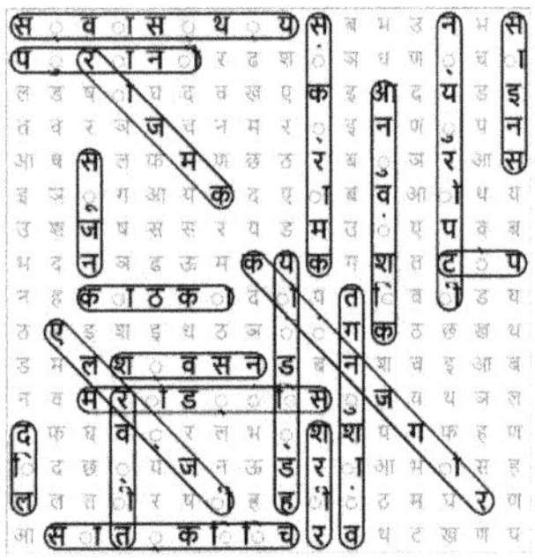

65 - Aquecimento Global

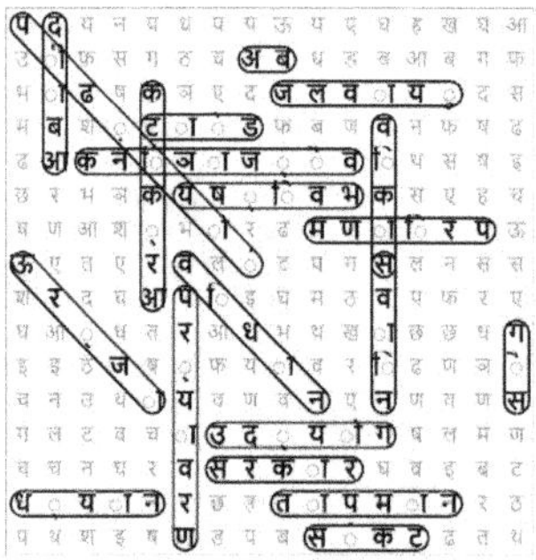

66 - Aviões

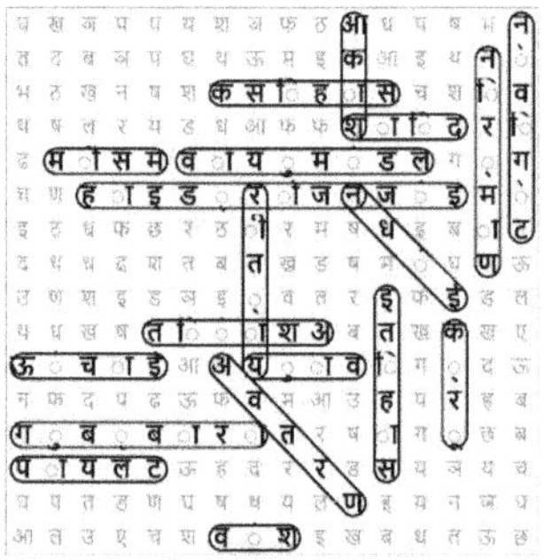

67 - Tipos de Cabelo

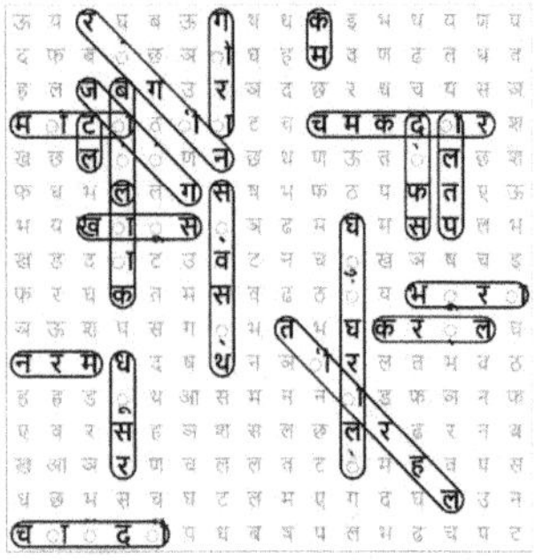

68 - Criatividade

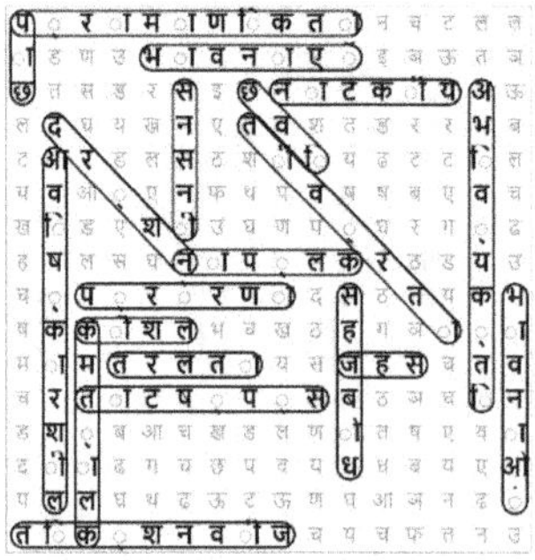

69 - Dias e Meses

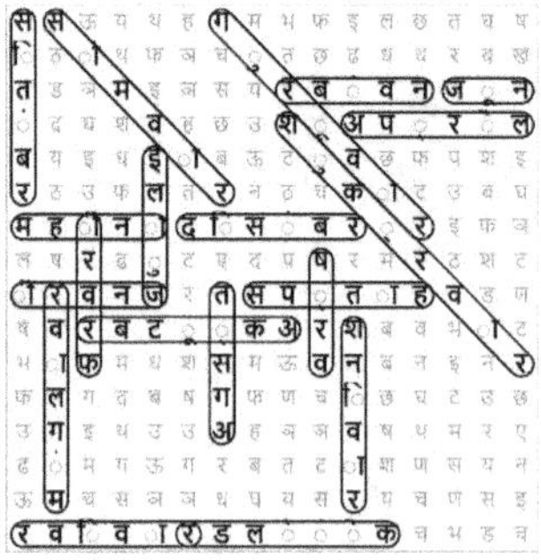

70 - Saúde e Bem Estar #2

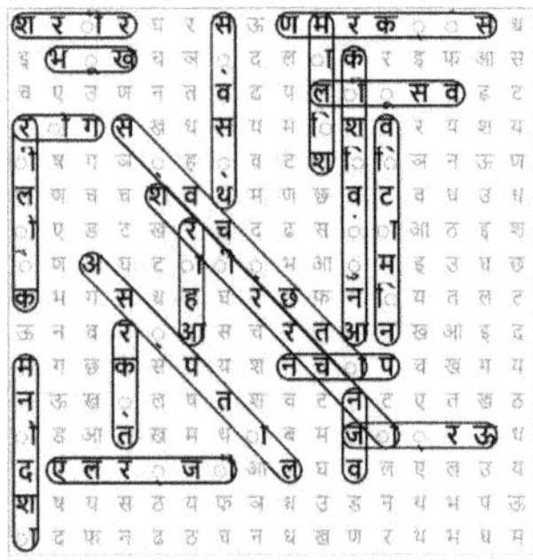

71 - Geografia

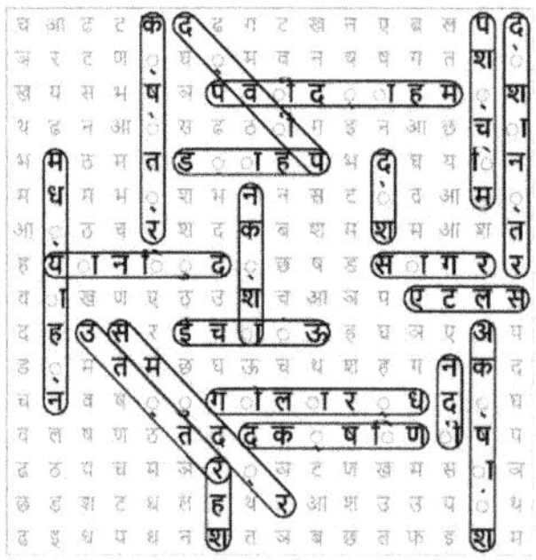

72 - Antártica

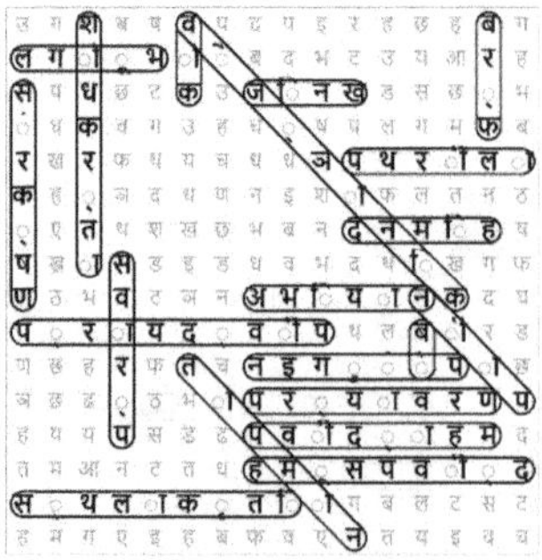

73 - Fazenda #1

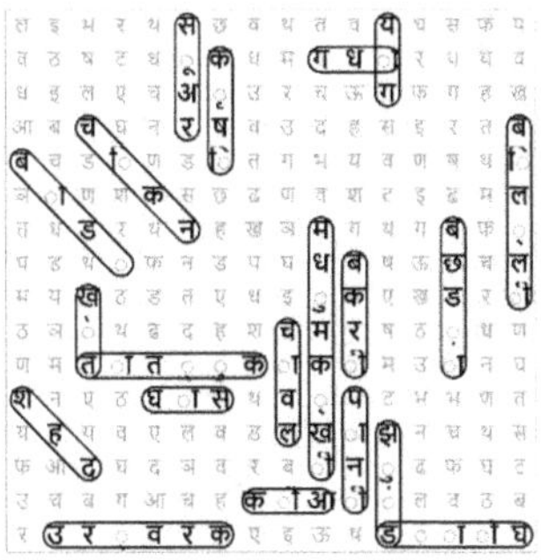

74 - Livros

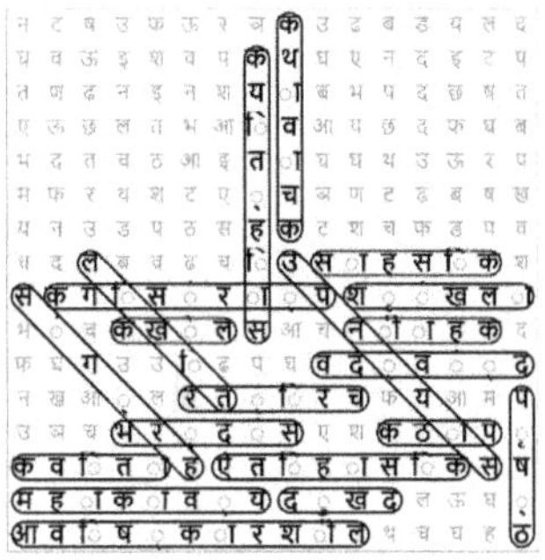

75 - Chocolate

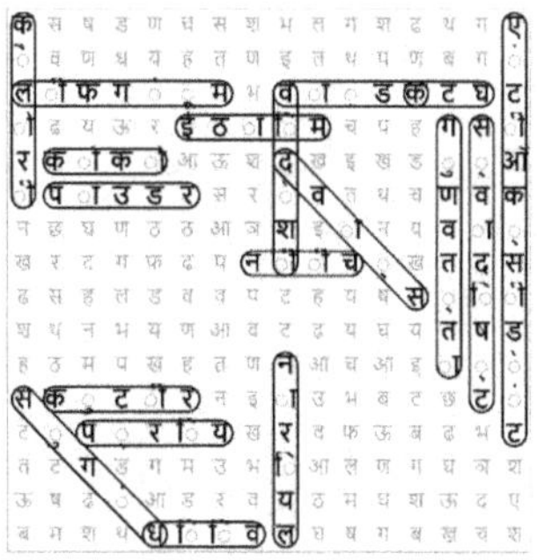

76 - Governo

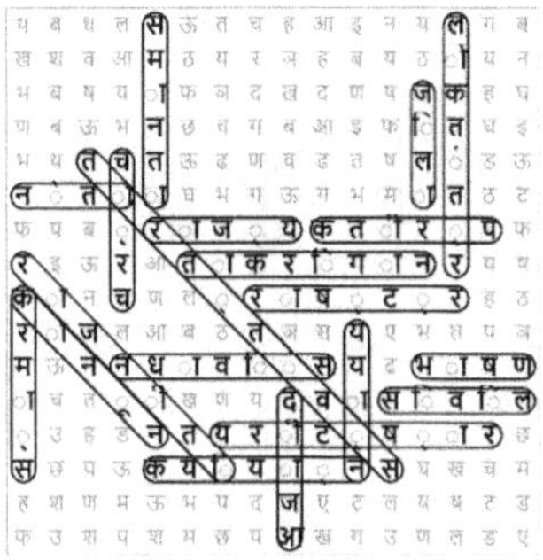

77 - Jardinagem

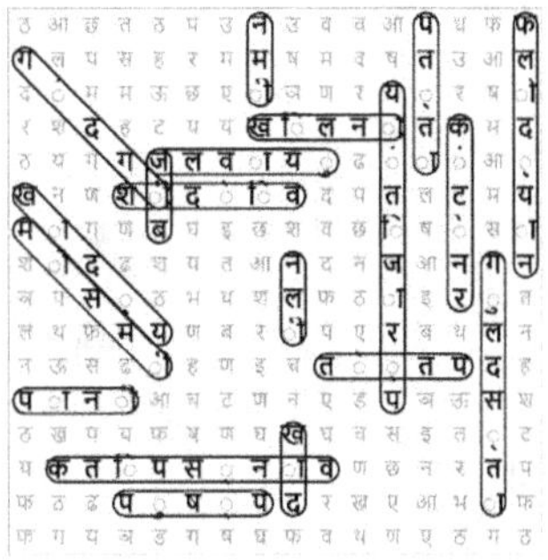

78 - Profissões #2

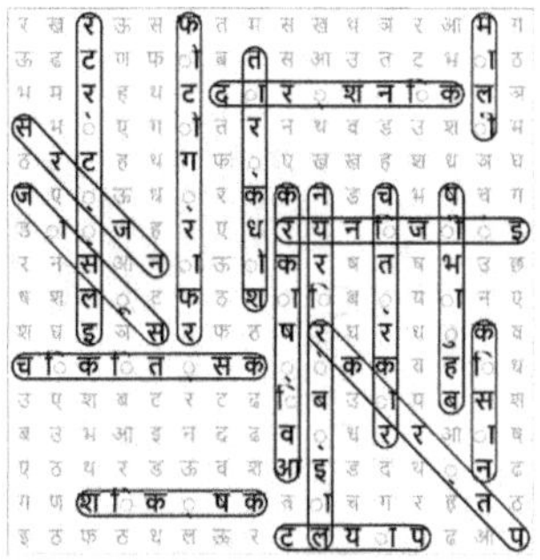

79 - Café

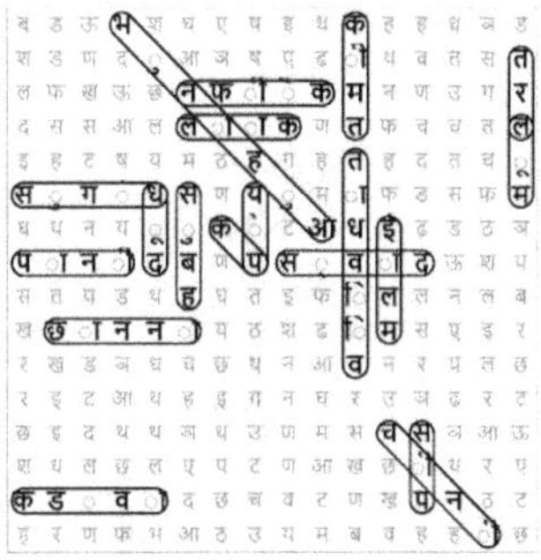

80 - Negócios

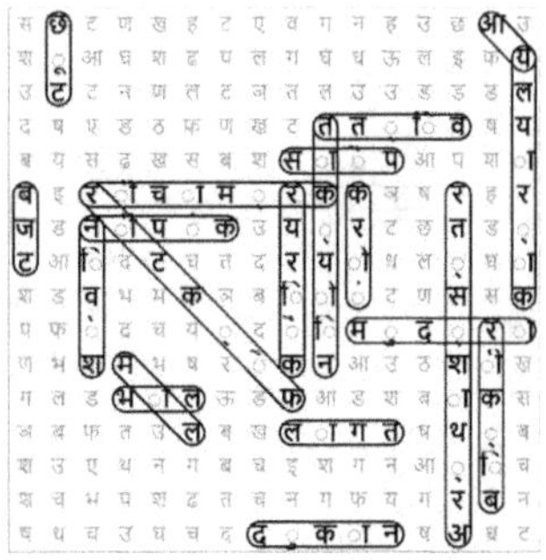

81 - Fazenda #2

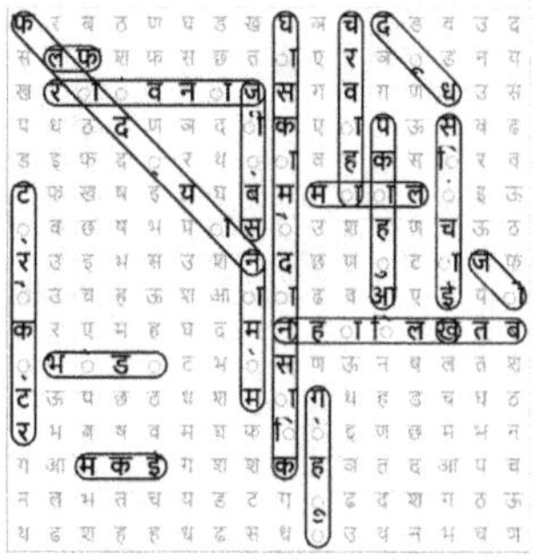

82 - Jardim

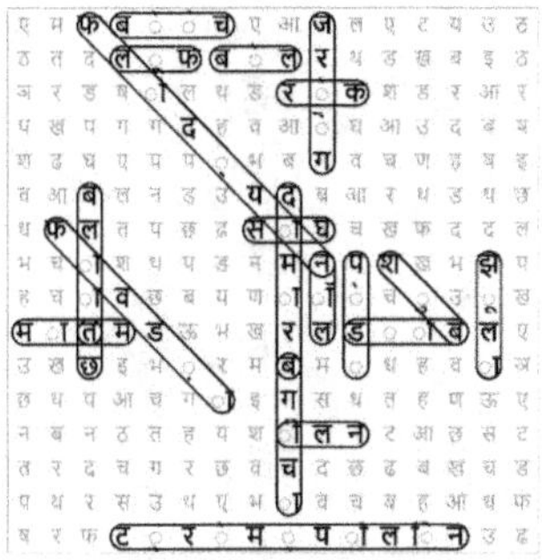

83 - Oceano

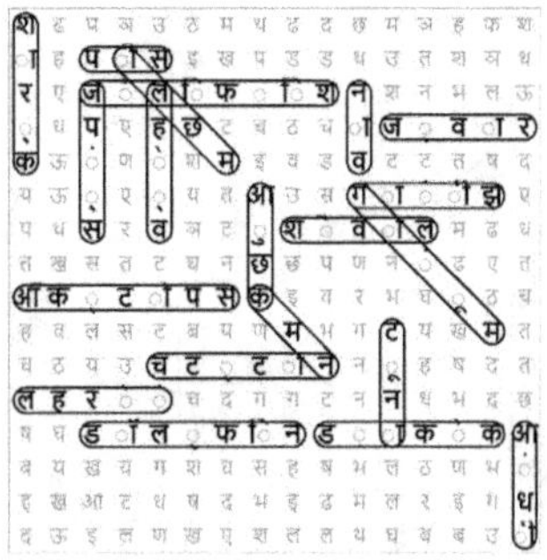

84 - Profissões #1

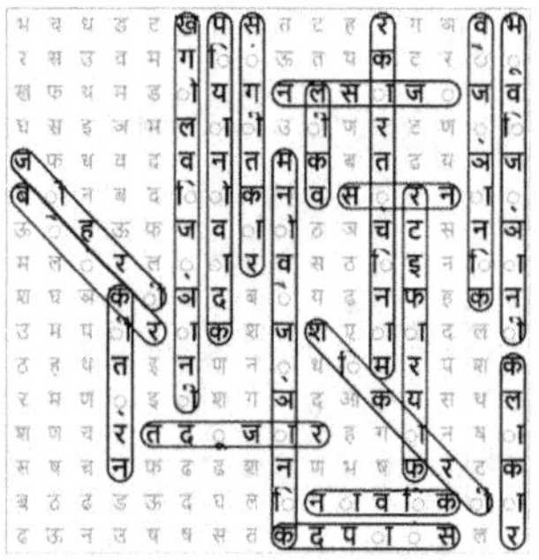

85 - Força e Gravidade

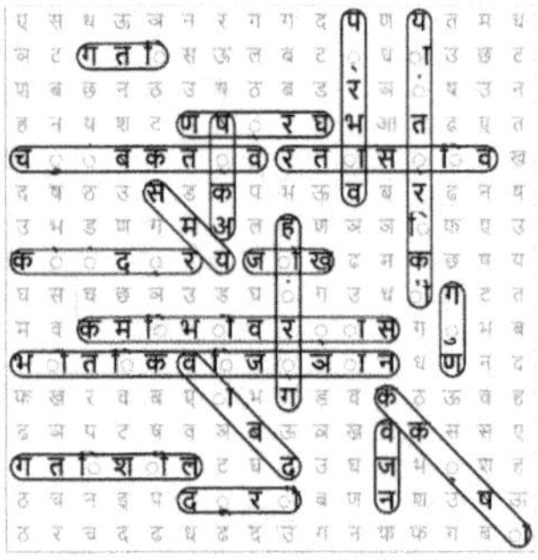

86 - Ciência

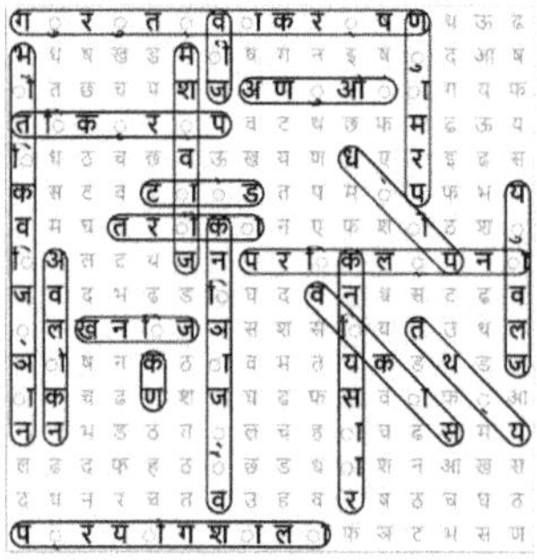

87 - Comida #1

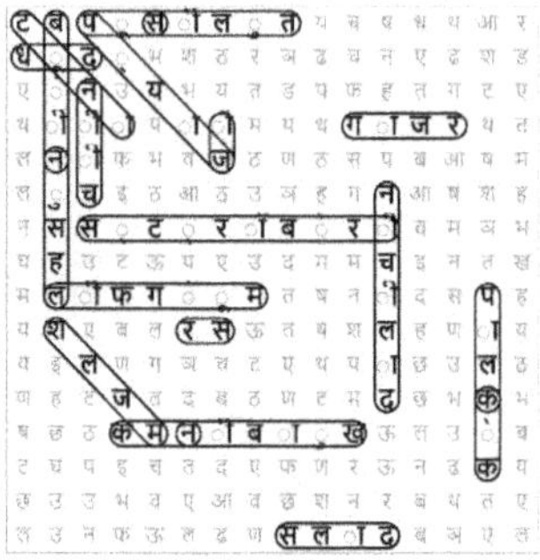

88 - Geometria

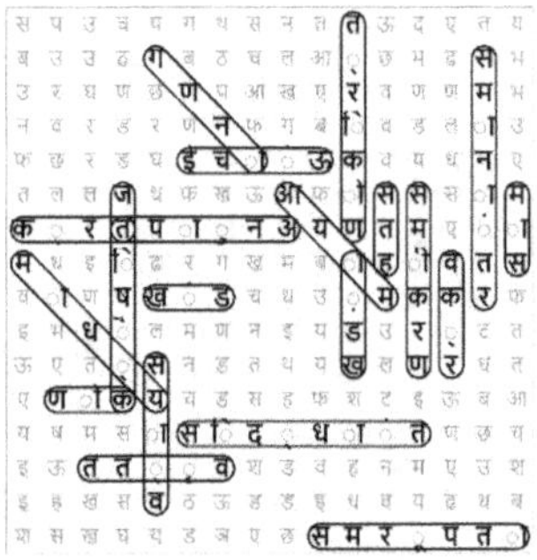

89 - Pássaros

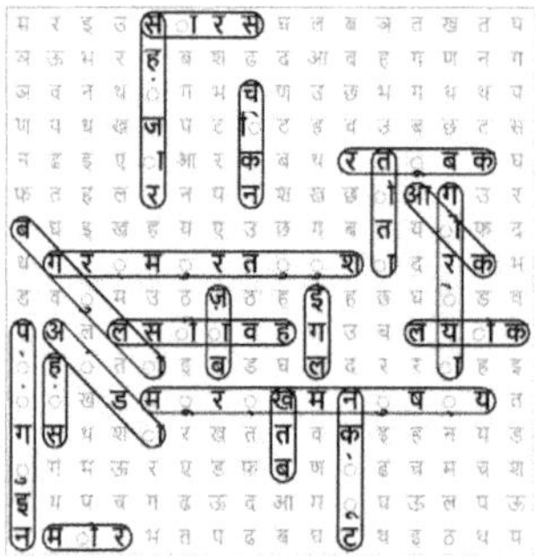

90 - Literatura

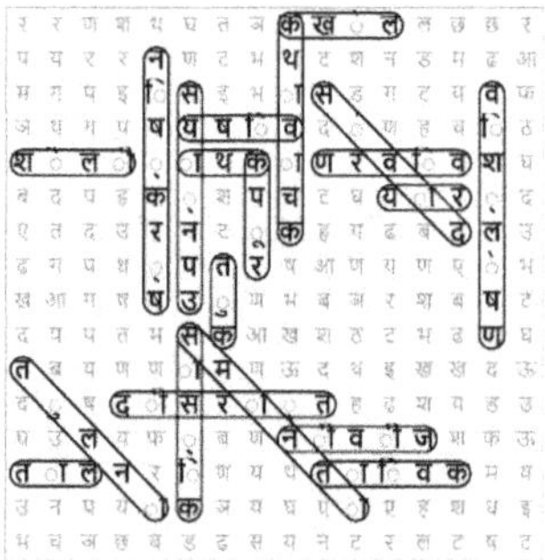

91 - Química

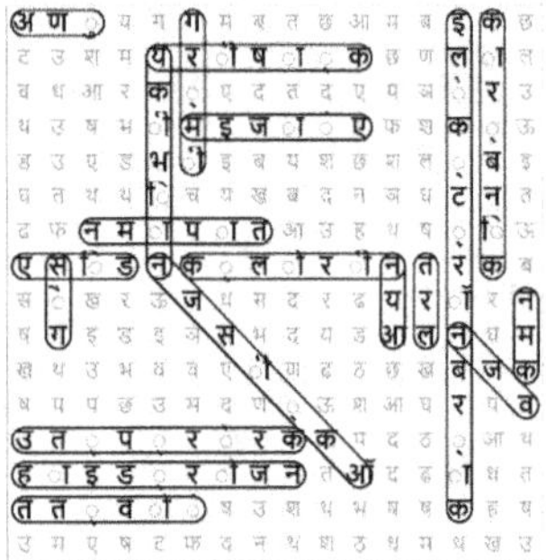

92 - Clima

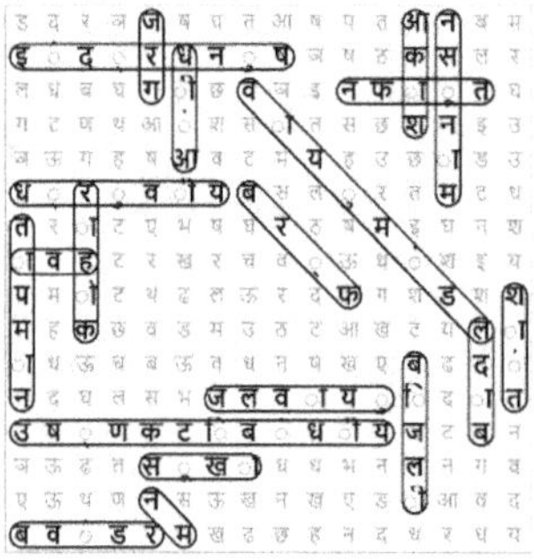

93 - Tecnologia

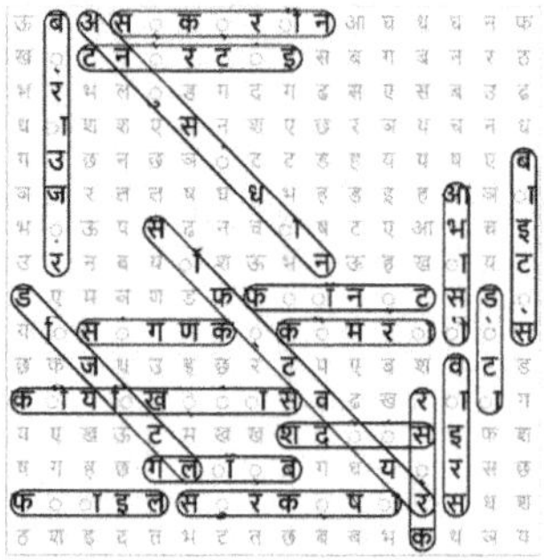

94 - Arte

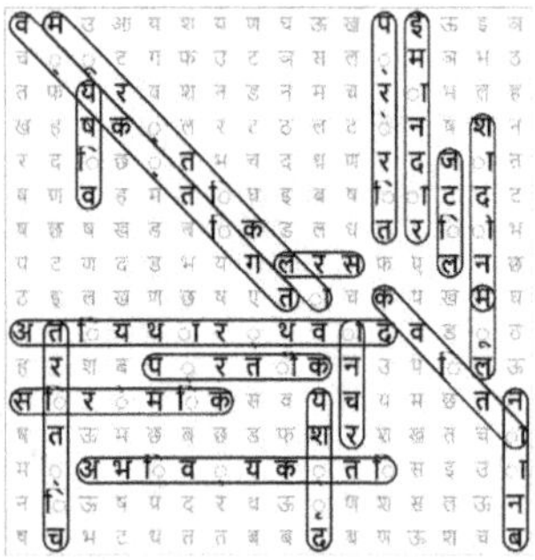

95 - Diplomacia

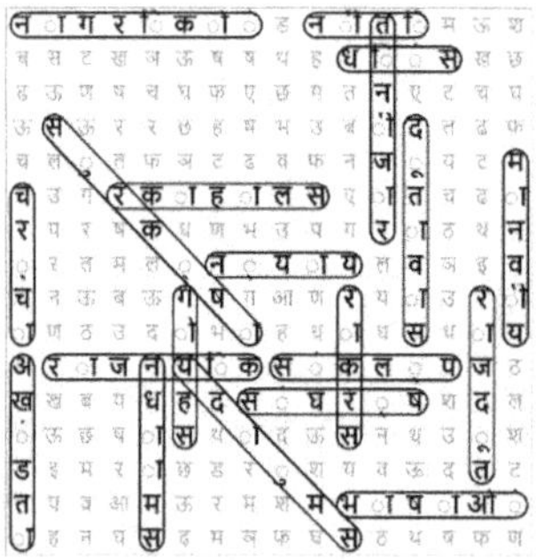

96 - Comida # 2

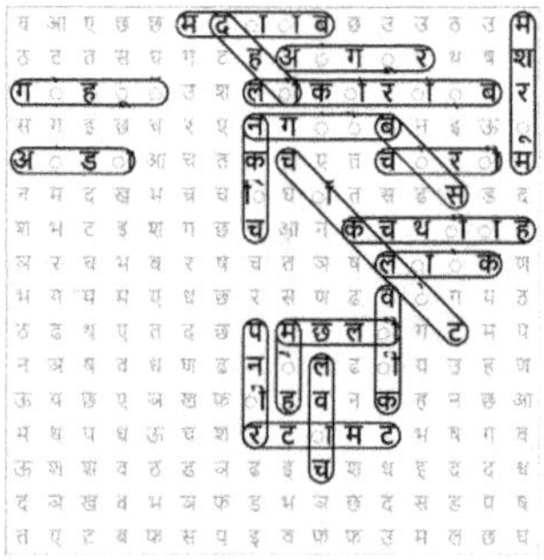

97 - Universo

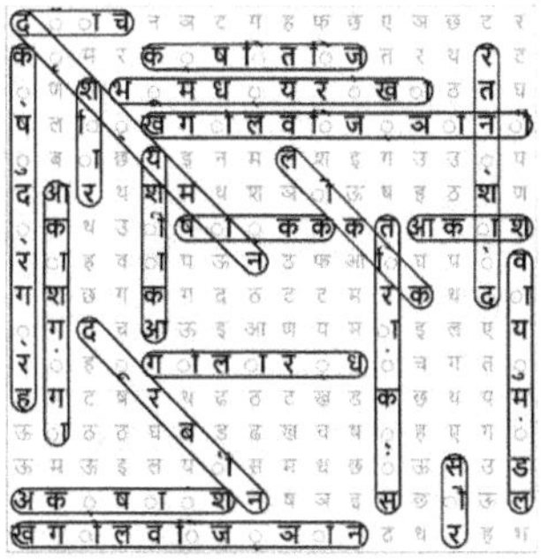

98 - Jazz

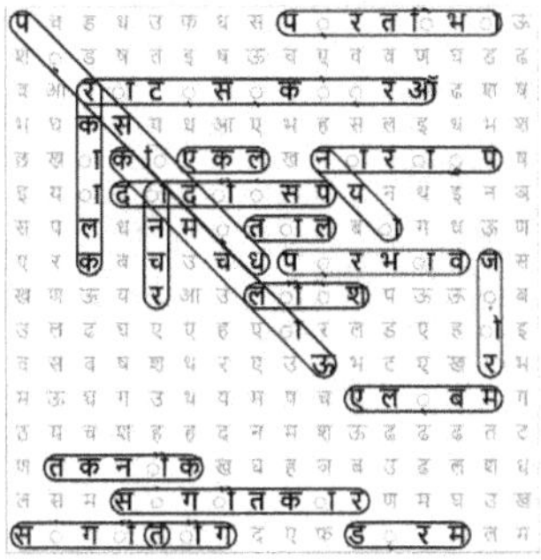

99 - Barcos

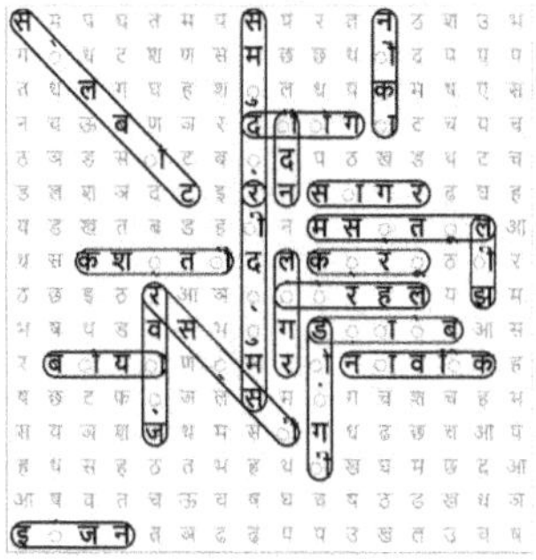

100 - Mamíferos

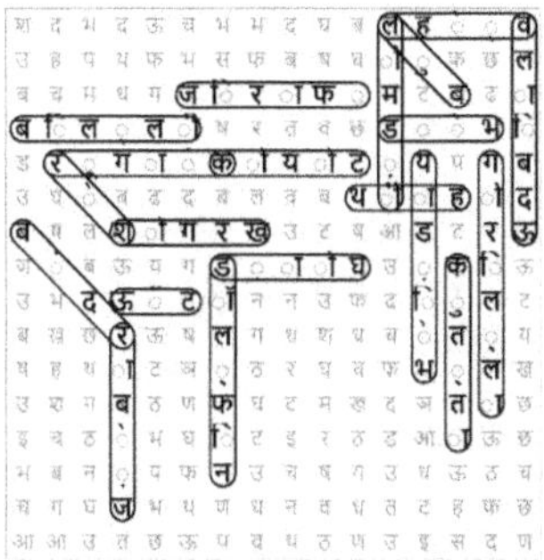

Dicionário

A Empresa
द कम्पनी

Apresentação	प्रस्तुति
Criativo	रचनात्मक
Decisão	निर्णय
Emprego	रोजगार
Global	वैश्विक
Indústria	उद्योग
Inovador	अभिनव
Investimento	निवेश
Negócio	व्यापार
Possibilidade	संभावना
Produto	उत्पाद
Profissional	पेशेवर
Progresso	प्रगति
Qualidade	गुणवत्ता
Receita	राजस्व
Recursos	संसाधन
Reputação	प्रतिष्ठा
Riscos	जोखिम
Tendências	रुझान
Unidades	इकाइयों

A Mídia
द मीडिया

Atitudes	दृष्टिकोण
Comercial	वाणिज्यिक
Comunicação	संचार
Digital	डिजिटल
Edição	संस्करण
Educação	शिक्षा
Fatos	तथ्य
Fotos	तस्वीरें
Individual	व्यक्ति
Indústria	उद्योग
Intelectual	बौद्धिक
Jornais	समाचार पत्र
Local	स्थानीय
Online	ऑनलाइन
Opinião	राय
Público	सार्वजनिक
Rádio	रेडियो
Rede	नेटवर्क
Televisão	टेलीविजन

Acampamento
कैम्पिंग

Animais	जानवरों
Aventura	साहसिक
Árvores	पेड़
Bússola	दिक्सूचक
Cabine	केबिन
Caça	शिकार करना
Canoa	डोंगी
Chapéu	टोपी
Corda	रस्सी
Equipamento	उपकरण
Floresta	वन
Fogo	आग
Inseto	कीट
Lago	झील
Lua	चाँद
Maca	झूला
Mapa	नक्शा
Montanha	पहाड़
Natureza	प्रकृति
Tenda	तंबू

Adjetivos #1
विशेषण #1

Absoluto	निरपेक्ष
Aromático	खुशबूदार
Artístico	कलात्मक
Atraente	आकर्षक
Enorme	विशाल
Escuro	अंधेरा
Exótico	विदेशी
Fino	पतला
Generoso	उदार
Grande	बड़ा
Honesto	ईमानदार
Idêntico	समान
Importante	महत्वपूर्ण
Lento	धीमा
Misterioso	रहस्यमय
Moderno	आधुनिक
Perfeito	उत्तम
Pesado	भारी
Sério	गंभीर
Valioso	मूल्यवान

Adjetivos #2
विशेषण #2

Autêntico	विश्वसनीय
Criativo	रचनात्मक
Descritivo	वर्णनात्मक
Dotado	उपहार दिया
Elegante	सुरुचिपूर्ण
Famoso	प्रसिद्ध
Forte	मजबूत
Interessante	दिलचस्प
Natural	प्राकृतिक
Normal	साधारण
Novo	नया
Orgulhoso	गर्व
Produtivo	उत्पादक
Puro	शुद्ध
Quente	गरम
Responsável	जिम्मेदार
Salgado	नमकीन
Saudável	स्वस्थ
Seco	सूखा
Selvagem	जंगली

Agronomia
कृषिविज्ञान

Agricultura	कृषि
Ambiente	पर्यावरण
Água	पानी
Ciência	विज्ञान
Crescimento	विकास
Doenças	रोगों
Ecologia	पारिस्थितिकी
Energia	ऊर्जा
Erosão	कटाव
Fertilizante	उर्वरक
Identificação	पहचान
Legumes	सब्जियां
Orgânico	कार्बनिक
Plantas	पौधे
Poluição	प्रदूषण
Produção	उत्पादन
Rural	ग्रामीण
Sementes	बीज
Sistemas	सिस्टम
Sustentável	टिकाऊ

Antártica
अंटार्कटकिा

Ambiente	पर्यावरण
Água	पानी
Baía	बे
Científico	वैज्ञानकि
Conservação	संरक्षण
Continente	महाद्वीप
Enseada	कोव
Expedição	अभयिान
Geleiras	हमिनद
Gelo	बर्फ
Geografia	भूगोल
Ilhas	द्वीप समूह
Investigador	शोधकर्ता
Migração	प्रवास
Minerais	खनजि
Península	प्रायद्वीप
Pinguins	पेंगुइन
Rochoso	पथरीला
Temperatura	तापमान
Topografia	स्थलाकृत

Antiguidades
प्राचीन वस्तुएँ

Arte	कला
Autêntico	वशि्वसनीय
Decorativo	सजावटी
Elegante	सुरुचपूिर्ण
Entusiasta	सरगर्म
Escultura	मूर्तकिला
Estilo	शैली
Galeria	गैलरी
Incomum	असामान्य
Investimento	नविेश
Item	मद
Leilão	नीलामी
Mobiliário	फर्नीचर
Moedas	सक्किे
Preço	कीमत
Qualidade	गुणवत्ता
Restauração	बहाली
Século	सदी
Valor	मूल्य
Velho	पुराना

Aquecimento Global
ग्लोबल वॉर्मगि

Agora	अब
Ambiental	पर्यावरण
Atenção	ध्यान
Ártico	आर्कटकि
Cientista	वैज्ञानकि
Clima	जलवायु
Consequências	परणिाम
Crise	संकट
Dados	डेटा
Desenvolvimento	वकिास
Energia	ऊर्जा
Futuro	भवष्यि
Gás	गैस
Gerações	पीढ़यिाँ
Governo	सरकार
Habitats	नवािस
Indústria	उद्योग
Legislação	वधिान
Populações	आबादी
Temperaturas	तापमान

Arqueologia
पुरातत्त्व

Análise	वश्लिेषण
Anos	साल
Antiguidade	पुरातनता
Avaliação	मूल्यांकन
Civilização	सभ्यता
Descendente	वंशज
Desconhecido	अनजान
Equipe	टीम
Era	युग
Especialista	वशिेषज्ञ
Esquecido	भुला दयिा
Fóssil	जीवाश्म
Fragmentos	टुकड़े
Investigador	शोधकर्ता
Mistério	रहस्य
Objetos	वस्तुओं
Ossos	हड्डयिाँ
Relíquia	अवशेष
Templo	मंदरि
Túmulo	मकबरे

Arte
कला

Cerâmica	सरिमकि
Complexo	जटलि
Composição	रचना
Criar	बनाना
Escultura	मूर्तकिला
Expressão	अभव्यिक्त
Honesto	ईमानदार
Humor	मनोदशा
Inspirado	प्रेरति
Original	मूल
Pessoal	व्यक्तगित
Poesia	कवति
Retratar	चत्रिति
Simples	सरल
Símbolo	प्रतीक
Sujeito	वषिय
Surrealismo	अतयिथार्थवाद
Visual	दृश्य

Artes Visuais
दृश्य कला

Argila	मट्टिी
Arquitetura	वास्तुकला
Artista	कलाकार
Caneta	कलम
Cavalete	चत्रिफलक
Cera	मोम
Composição	रचना
Criatividade	रचनात्मकता
Escultura	मूर्तकिला
Estêncil	स्टैंसलि
Filme	फल्मि
Fotografia	तस्वीर
Giz	चाक
Lápis	पेंसलि
Obra-Prima	कृत
Perspectiva	परप्रिेक्ष्य
Pintura	चत्रिकारी
Retrato	चत्रि
Verniz	वार्नशि

Astronomia
खगोल वद्यिा

Asteróide	क्षुद्रग्रह
Astrônomo	खगोल वज्ञिानी
Céu	आकाश
Constelação	नक्षत्र
Cosmos	ब्रह्मांड
Eclipse	ग्रहण
Equinócio	वषिुव
Foguete	रॉकेट
Galáxia	आकाशगंगा
Gravidade	गुरुत्वाकर्षण
Lua	चाँद
Meteoro	उल्का
Nebulosa	नहिारकिा
Observatório	वेधशाला
Planeta	ग्रह
Radiação	वकिरिण
Solar	सौर
Supernova	सुपरनोवा
Terra	पृथ्वी
Universo	संसार

Aventura
साहसकि कार्य

Alegria	हर्ष
Amigos	दोस्तों
Atividade	गतविधि
Beleza	सुंदरता
Bravura	वीरता
Chance	मौका
Desafios	चुनौतयिों
Destino	गंतव्य
Dificuldade	कठनिाई
Entusiasmo	उत्साह
Excursão	भ्रमण
Incomum	असामान्य
Natureza	प्रकृत
Navegação	पथ प्रदर्शन
Novo	नया
Oportunidade	अवसर
Perigoso	खतरनाक
Preparação	तैयारी
Segurança	सुरक्षा
Viagens	यात्रा

Aviões
हवाई जहाज

Altura	ऊंचाई
Ar	वायु
Aterrissagem	अवतरण
Atmosfera	वायुमंडल
Aventura	साहसकि
Balão	गुब्बारा
Céu	आकाश
Combustível	ईंधन
Construção	नरि्माण
Descida	वंश
Direção	दशिा
Hidrogênio	हाइड्रोजन
História	इतहिास
Motor	इंजन
Navegar	नेवगिट
Passageiro	यात्री
Piloto	पायलट
Tempo	मौसम
Tripulação	क्रू
Turbulência	अशांत

Álgebra
बीजगणति

Diagrama	आरेख
Divisão	वभिाजन
Equação	समीकरण
Expoente	प्रतपिादक
Falso	झूठा
Fator	कारक
Fórmula	सूत्र
Fração	अंश
Infinito	अनंत
Linear	रेखीय
Matriz	मैट्रक्सि
Número	संख्या
Parêntese	कोष्ठक
Problema	संकट
Quantidade	मात्रा
Solução	समाधान
Soma	योग
Subtração	घटाव
Variável	चर
Zero	शून्य

Balé
बैले

Aplauso	वाहवाही
Artístico	कलात्मक
Bailarina	बैले
Compositor	संगीतकार
Coreografia	नृत्यकला
Dançarinos	नर्तकयिों
Ensaio	रहिर्सल
Estilo	शैली
Expressivo	सूचक
Gesto	इशारा
Gracioso	सुंदर
Habilidade	कौशल
Intensidade	तीव्रता
Música	संगीत
Orquestra	ऑर्केस्ट्रा
Prática	अभ्यास
Público	दर्शक
Ritmo	ताल
Solo	एकल
Técnica	तकनीक

Barcos
नौकाएँ

Âncora	लंगर
Bóia	बोया
Caiaque	कश्ती
Canoa	डोंगी
Corda	रस्सी
Doca	गोदी
Iate	नौका
Jangada	बेड़ा
Lago	झील
Mar	समुद्र
Maré	ज्वार
Marinheiro	नावकि
Mastro	मस्तूल
Motor	इंजन
Náutico	समुद्री
Oceano	सागर
Ondas	लहरें
Rio	नदी
Tripulação	क्रू
Veleiro	सेलबोट

Beleza
ब्यूटी

Batom	लपिस्टकि
Cachos	कर्ल
Charme	आकर्षण
Cor	रंग
Elegante	सुरुचपिूर्ण
Elegância	लालत्यि
Espelho	दर्पण
Estilista	स्टाइलस्टि
Fotogênico	फोटोजेनकि
Fragrância	खुशबू
Graça	कृपा
Maquiagem	मेकअप
Óleos	तेल
Pele	त्वचा
Produtos	उत्पादों
Rímel	काजल
Serviços	सेवा
Suave	चकिना
Tesoura	कैंची
Xampu	शैम्पू

Biologia
जीववजि्ञान

Anatomia	शरीर रचना
Bactérias	बैक्टीरयिा
Célula	सेल
Colagénio	कोलेजन
Cromossoma	गुणसूत्र
Embrião	भ्रूण
Enzima	एंजाइम
Evolução	वकिास
Hormona	हार्मोन
Mamífero	स्तनपायी
Mutação	उत्परविर्तन
Natural	प्राकृतकि
Nervo	नस
Neurônio	न्यूरॉन
Osmose	असमस
Plantas	पौधे
Proteína	प्रोटीन
Réptil	सरीसृप
Simbiose	समि्बायोससि
Sinapse	अन्तर्ग्रथन

Café
कॉफ़ी

Açúcar	चीनी
Amargo	कड़वा
Aroma	सुगंध
Assado	भुना हुआ
Água	पानी
Bebida	पेय
Cafeína	कैफीन
Copa	कप
Creme	मलाई
Filtro	छानना
Leite	दूध
Líquido	तरल
Manhã	सुबह
Moer	पीस
Origem	मूल
Preço	कीमत
Preto	काला
Sabor	स्वाद
Variedade	ववििधिता

Caminhada
लंबी पैदल यात्रा

Acampamento	डेरा डालना
Animais	जानवरों
Água	पानी
Botas	जूते
Cansado	थक गया
Clima	जलवायु
Guias	गाइड
Mapa	नक्शा
Montanha	पहाड़
Natureza	प्रकृति
Orientação	अभवििन्यास
Parques	पार्क
Pedras	पत्थर
Penhasco	चट्टान
Perigos	खतरों
Pesado	भारी
Preparação	तैयारी
Selvagem	जंगली
Sol	सूर्य
Tempo	मौसम

Casa
हाउस

Banheiro	स्नानघर
Biblioteca	पुस्तकालय
Cerca	बाड़
Chaves	कुंजी
Chuveiro	बौछार
Cortinas	पर्दे
Cozinha	रसोई
Espelho	दर्पण
Garagem	गैरेज
Janela	खड़िकी
Jardim	बगीचा
Lareira	चमिनी
Mobiliário	फर्नीचर
Parede	दीवार
Porta	दरवाजा
Quarto	कक्ष
Sótão	अटारी
Tapete	गलीचा
Torneira	नल
Vassoura	झाड़ू

Chocolate
चॉकलेट

Açúcar	चीनी
Amargo	कड़वा
Amendoins	मूंगफली
Antioxidante	एंटीऑक्सीडेंट
Aroma	सुगंध
Artesanal	कुटीर
Cacau	कोको
Calorias	कैलोरी
Coco	नारयिल
Delicioso	स्वादषि्ट
Doce	मठिाई
Exótico	वदिशी
Favorito	प्रयि
Gosto	स्वाद
Ingrediente	घटक
Pó	पाउडर
Qualidade	गुणवत्ता
Receita	वधिि

Churrascos
बारबेक्यू

Almoço	दोपहर का भोजन
Convite	नमिंत्रण
Crianças	बच्चे
Facas	चाकू
Família	परविार
Fome	भूख
Frango	चकिन
Fruta	फल
Grelha	ग्रलि
Jantar	रात का खाना
Jogos	खेल
Legumes	सब्जियां
Molho	चटनी
Música	संगीत
Pimenta	मरि्च
Quente	गरम
Sal	नमक
Saladas	सलाद
Tomates	टमाटर
Verão	गर्मी

Cidade
नगर

Aeroporto	हवाई अड्डा
Banco	बैंक
Biblioteca	पुस्तकालय
Cinema	सनिमा
Clínica	क्लनिकि
Escola	स्कूल
Estádio	स्टेडयिम
Farmácia	फार्मेसी
Florista	फूलवाला
Galeria	गैलरी
Hotel	होटल
Jardim Zoológico	चड़ियिाघर
Mercado	बाजार
Museu	संग्रहालय
Padaria	बेकरी
Restaurante	भोजनालय
Salão	सैलून
Supermercado	सुपरमार्केट
Teatro	थएिटर
Universidade	वशि्ववद्यिालय

Ciência
वज्ञिान

Átomo	परमाणु
Cientista	वैज्ञानकि
Clima	जलवायु
Dados	डेटा
Evolução	वकिास
Fato	तथ्य
Física	भौतकि वज्ञिान
Fóssil	जीवाश्म
Gravidade	गुरुत्वाकर्षण
Hipótese	परकिल्पना
Laboratório	प्रयोगशाला
Método	तरीका
Minerais	खनजि
Moléculas	अणुओं
Natureza	प्रकृति
Observação	अवलोकन
Organismo	जीव
Partículas	कण
Plantas	पौधे
Químico	रासायनकि

Clima
मौसम

Arco-Íris	इंद्रधनुष
Atmosfera	वायुमंडल
Calmo	शांत
Céu	आकाश
Clima	जलवायु
Furacão	तूफान
Gelo	बर्फ
Monção	मानसून
Nevoeiro	कोहरा
Nuvem	बादल
Polar	ध्रुवीय
Relâmpago	बजिली
Seco	सूखा
Temperatura	तापमान
Tempestade	आंधी
Tornado	बवंडर
Tropical	उष्णकटबिंधीय
Trovão	गरज
Úmido	नम
Vento	हवा

Comida # 2
खाना #2

Alcachofra	हाथी चक
Amêndoa	बादाम
Arroz	चावल
Banana	केला
Beringela	बैंगन
Brócolis	ब्रोकोली
Cereja	चेरी
Chocolate	चॉकलेट
Cogumelo	मशरूम
Frango	चकिन
Iogurte	दही
Kiwi	कीवी
Maçã	सेब
Ovo	अंडा
Peixe	मछली
Presunto	हैम
Queijo	पनीर
Tomate	टमाटर
Trigo	गेहूँ
Uva	अंगूर

Comida #1
खाना #1

Açúcar	चीनी
Alho	लहसुन
Amendoim	मूंगफली
Atum	टूना
Bolo	केक
Canela	दालचीनी
Cebola	प्याज
Cenoura	गाजर
Cevada	जौ
Damasco	खुबानी
Espinafre	पालक
Leite	दूध
Limão	नींबू
Manjericão	तुलसी
Morango	स्ट्रॉबेरी
Nabo	शलजम
Sal	नमक
Salada	सलाद
Sopa	सूप
Suco	रस

Corpo Humano
मानव शरीर

Boca	मुँह
Cabeça	सरि
Cérebro	दमिाग
Coração	दलि
Cotovelo	कोहनी
Dedo	उंगली
Joelho	घुटना
Mandíbula	जबड़ा
Mão	हाथ
Nariz	नाक
Olho	आंख
Ombro	कंधा
Orelha	कान
Pele	त्वचा
Perna	टांग
Pescoço	गर्दन
Queixo	ठोड़ी
Sangue	रक्त
Testa	माथा
Tornozelo	टखने

Criatividade
क्रएिटवििटी

Artístico	कलात्मक
Autenticidade	प्रामाणकिता
Clareza	स्पष्टता
Dramático	नाटकीय
Emoções	भावनाएँ
Espontânea	सहज
Expressão	अभव्यिक्ति
Fluidez	तरलता
Habilidade	कौशल
Imagem	छव‍ि
Imaginação	कल्पना
Impressão	छाप
Inspiração	प्रेरणा
Intensidade	तीव्रता
Intuição	सहज बोध
Inventivo	आवष्किारशील
Sensação	सनसनी
Sentimentos	भावनाओं
Visões	दर्शन
Vitalidade	जीवन शक्ति

Dança
नृत्य

Academia	अकादमी
Alegre	हर्षति
Arte	कला
Clássico	शास्त्रीय
Coreografia	नृत्यकला
Corpo	शरीर
Cultura	संस्कृति
Cultural	सांस्कृतकि
Emoção	भावना
Ensaio	रहिर्सल
Expressivo	सूचक
Graça	कृपा
Movimento	गति
Música	संगीत
Parceiro	साथी
Postura	आसन
Ritmo	ताल
Tradicional	परंपरागत
Visual	दृश्य

Dias e Meses
दनि और महीने

Abril	अप्रैल
Agosto	अगस्त
Ano	वर्ष
Calendário	कैलेंडर
Dezembro	दसिंबर
Domingo	रववािर
Fevereiro	फरवरी
Janeiro	जनवरी
Julho	जुलाई
Junho	जून
Mês	महीना
Novembro	नवंबर
Outubro	अक्टूबर
Quinta-Feira	गुरूवार
Sábado	शनवािर
Segunda-Feira	सोमवार
Semana	सप्ताह
Setembro	सतिंबर
Sexta-Feira	शुक्रवार
Terça	मंगलवार

Diplomacia
कूटनीति

Cidadãos	नागरकिों
Comunidade	समुदाय
Conflito	संघर्ष
Consultor	सलाहकार
Cooperação	सहयोग
Diplomático	राजनयकि
Discussão	चर्चा
Embaixada	दूतावास
Embaixador	राजदूत
Ética	नीति
Governo	सरकार
Humanitário	मानवीय
Integridade	अखंडता
Justiça	न्याय
Línguas	भाषाओं
Política	राजनीति
Resolução	संकल्प
Segurança	सुरक्षा
Solução	समाधान
Tratado	संधि

Dirigindo
ड्राइवगि

Acidente	दुर्घटना
Carro	कार
Combustível	ईंधन
Cuidado	सावधानी
Estrada	सड़क
Freios	ब्रेक
Garagem	गैरेज
Gás	गैस
Licença	लाइसेंस
Mapa	नक्शा
Motocicleta	मोटरसाइकलि
Motor	मोटर
Pedestre	पैदल यात्री
Perigo	खतरा
Polícia	पुलसि
Rua	गली
Segurança	सुरक्षा
Transporte	परविहन
Tráfego	यातायात
Túnel	सुरंग

Disciplinas Científicas
वैज्ञानिक अनुशासन

Anatomia	शरीर रचना
Arqueologia	पुरातत्व
Astronomia	खगोल वज्ञिान
Biologia	जीववज्ञिान
Bioquímica	जीव रसायन
Cinesiologia	काइन्सयिोलॉजी
Ecologia	पारस्थितिकी
Fisiologia	फजियिोलॉजी
Física	भौतकि वज्ञिान
Geologia	भूवज्ञिान
Imunologia	इम्यूनोलॉजी
Linguística	भाषावज्ञिान
Mecânica	यांत्रकिी
Meteorologia	मौसम वज्ञिान
Mineralogia	खनजि वद्यिा
Nutrição	पोषण
Psicologia	मनोवज्ञिान
Química	रसायन वज्ञिान
Sociologia	समाज शास्त्र
Termodinâmica	ऊष्मप्रवैगकिी

Doença
रोग

Abdominal	पेट
Agudo	तीव्र
Alergias	एलर्जी
Contagioso	संक्रामक
Coração	दलि
Corpo	शरीर
Crônica	पुरानी
Fraco	कमजोर
Genético	आनुवंशकि
Hereditário	वंशानुगत
Inflamação	सूजन
Lombar	काठ का
Neuropatia	न्युरोपटी
Ossos	हड्डयिों
Patógenos	रोगजनकों
Respiratório	श्वसन
Saúde	स्वास्थ्य
Seio	साइनस
Síndrome	सड्रिोम
Terapia	चकित्सिा

Ecologia
परस्थितिकिी

Clima	जलवायु
Comunidades	समुदाय
Diversidade	ववििधिता
Espécies	प्रजातयिां
Fauna	पशु
Global	वैश्वकि
Marinho	समुद्री
Montanhas	पहाड़ों
Natural	प्राकृतकि
Natureza	प्रकृत
Pântano	दलदल
Plantas	पौधे
Recursos	संसाधन
Seca	सूखा
Sobrevivência	उत्तरजीवति
Sustentável	टकिाऊ
Vegetação	वनस्पत
Voluntários	स्वयंसेवकों

Edifícios
इमारतें

Apartamento	अपार्टमेंट
Castelo	कलिा
Celeiro	खलहिान
Cinema	सनिमा
Embaixada	दूतावास
Escola	स्कूल
Estádio	स्टेडयिम
Fazenda	खेत
Fábrica	फैक्टरी
Garagem	गैरेज
Hospital	अस्पताल
Hotel	होटल
Laboratório	प्रयोगशाला
Museu	संग्रहालय
Observatório	वेधशाला
Supermercado	सुपरमार्केट
Teatro	थएिटर
Tenda	तंबू
Torre	मीनार
Universidade	वशि्ववद्यिालय

Energia
ऊर्जा

Ambiente	पर्यावरण
Bateria	बैटरी
Calor	गर्मी
Carbono	कार्बन
Combustível	ईंधन
Diesel	डीजल
Elétrico	बजिली
Elétron	इलेक्ट्रॉन
Entropia	उत्क्रम-माप
Fóton	फोटोन
Gasolina	गैसोलीन
Hidrogênio	हाइड्रोजन
Indústria	उद्योग
Motor	मोटर
Nuclear	नाभकिीय
Poluição	प्रदूषण
Renovável	अक्षय
Sol	सूर्य
Turbina	टरबाइन
Vento	हवा

Engenharia
अभयिांत्रकिी

Atrito	घर्षण
Ângulo	कोण
Cálculo	गणना
Construção	नर्िमाण
Diagrama	आरेख
Diâmetro	व्यास
Diesel	डीजल
Dimensões	आयाम
Distribuição	वतिरण
Eixo	अक्ष
Energia	ऊर्जा
Estabilidade	स्थरिता
Estrutura	संरचना
Força	ताकत
Líquido	तरल
Máquina	मशीन
Medição	माप
Motor	मोटर
Profundidade	गहराई
Propulsão	प्रणोदन

Especiarias
मसाले

Açafrão	केसर
Alcaçuz	नद्यपान
Alho	लहसुन
Amargo	कड़वा
Azedo	खट्टा
Baunilha	वनीला
Canela	दालचीनी
Cardamomo	इलायची
Caril	करी
Cebola	प्याज
Coentro	धनयिा
Cominho	जीरा
Cravo	लौंग
Doce	मठिाई
Funcho	सौंफ
Gengibre	अदरक
Noz-Moscada	जायफल
Pimenta	मरि्च
Sabor	स्वाद
Sal	नमक

Esporte
खेल

Atleta	खलािड़ी
Capacidade	क्षमता
Cardiovascular	हृदय
Ciclismo	साइकलि चलाना
Corpo	शरीर
Dançando	नृत्य
Dieta	आहार
Esportes	खेल
Força	ताकत
Jogging	टहलना
Maximizar	अधकितम
Metabólico	चयापचय
Músculos	मांसपेशयिों
Nutrição	पोषण
Objetivo	लक्ष्य
Ossos	हड्डयिों
Programa	कार्यक्रम
Resistência	सहन
Saúde	स्वास्थ्य
Treinador	कोच

Ética
आचार

Altruísmo	परोपकारति
Bondade	दयालुता
Compaixão	दया
Cooperação	सहयोग
Dignidade	गौरव
Diplomático	राजनयकि
Filosofia	दर्शन
Honestidade	ईमानदारी
Humanidade	मानवता
Individualismo	व्यक्तविाद
Integridade	अखंडता
Otimismo	आशावाद
Paciência	धैर्य
Racionalidade	चेतना
Razoável	उचति
Realismo	यथार्थवाद
Respeitoso	वनिीत
Sabedoria	बुद्धि
Tolerância	सहनशीलता
Valores	मान

Família
परविार

Antepassado	पूर्वज
Avó	दादी
Criança	बच्चा
Crianças	बच्चे
Esposa	बीवी
Filha	बेटी
Infância	बचपन
Irmã	बहन
Irmão	भाई
Marido	पति
Materno	मातृ
Mãe	मां
Neto	पोता
Pai	पतिा
Paterno	पैतृक
Primo	चचेरा भाई
Sobrinha	भतीजी
Sobrinho	भतीजा
Tia	चाची
Tio	चाचा

Fazenda #1
फार्म #1

Abelha	मधुमक्खी
Agricultura	कृषि
Arroz	चावल
Água	पानी
Bezerro	बछड़ा
Burro	गधा
Cabra	बकरी
Campo	खेत
Cavalo	घोड़ा
Cão	कुत्ता
Cerca	बाड़
Corvo	कौआ
Feno	घास
Fertilizante	उर्वरक
Frango	चकिन
Gato	बलि्ली
Mel	शहद
Porco	सूअर
Rebanho	झुंड
Vaca	गाय

Fazenda #2
फार्म #2

Agricultor	कसिान
Animais	जानवरों
Celeiro	खलहिान
Cevada	जौ
Cordeiro	मेमना
Fruta	फल
Irrigação	सचिाई
Leite	दूध
Lhama	लामा
Maduro	पका हुआ
Milho	मकई
Ovelha	भेड़
Pastor	चरवाहा
Pato	बतख
Pomar	फलोद्यान
Prado	घास का मैदान
Trator	ट्रैक्टर
Trigo	गेहूँ
Vegetal	सब्जी

Férias #2
अवकाश #2

Aeroporto	हवाई अड्डा
Destino	गंतव्य
Estrangeiro	वदिशी
Feriado	छुट्टी
Fotos	तस्वीरें
Hotel	होटल
Ilha	द्वीप
Lazer	अवकाश
Mapa	नक्शा
Mar	समुद्र
Montanhas	पहाड़ों
Passaporte	पासपोर्ट
Praia	समुद्र तट
Reservas	आरक्षण
Restaurante	भोजनालय
Táxi	टैक्सी
Tenda	तंबू
Transporte	परविहन
Viagem	यात्रा
Visto	वीजा

Ficção Científica
कल्पति वजि्ञान

Atómico	परमाणु
Cinema	सनिमा
Distante	दूर
Distopia	डायस्टोपयिा
Explosão	वस्फिोट
Extremo	चरम
Fantástico	शानदार
Fogo	आग
Futurista	फ्यूचरस्टिकि
Galáxia	आकाशगंगा
Ilusão	भ्रम
Imaginário	काल्पनकि
Livros	पुस्तकें
Misterioso	रहस्यमय
Mundo	दुनयिा
Oráculo	आकाशवाणी
Planeta	ग्रह
Robôs	रोबोट
Tecnologia	प्रौद्योगकिी
Utopia	आदर्शलोक

Filantropia
परोपकार

Caridade	दान
Comunidade	समुदाय
Contatos	संपर्क
Crianças	बच्चे
Desafios	चुनौतयिों
Doar	दान करना
Finança	वत्ति
Fundos	धन
Generosidade	उदारता
Global	वैश्वकि
Grupos	समूह
História	इतहिास
Honestidade	ईमानदारी
Humanidade	मानवता
Juventude	युवा
Missão	मशिन
Objetivos	लक्ष्य
Pessoas	लोग
Programas	कार्यक्रमों
Público	सार्वजनकि

Física
भौतकि वजि्ञान

Aceleração	त्वरण
Átomo	परमाणु
Caos	अराजकता
Densidade	घनत्व
Elétron	इलेक्ट्रॉन
Fórmula	सूत्र
Frequência	आवृत्ति
Gás	गैस
Gravidade	गुरुत्वाकर्षण
Magnetismo	चुंबकत्व
Massa	मास
Mecânica	यांत्रकिी
Molécula	अणु
Motor	इंजन
Nuclear	नाभकिीय
Partícula	कण
Químico	रासायनकि
Relatividade	सापेक्षता
Universal	सार्वभौमकि
Velocidade	वेग

Floresta Tropical
वर्षावन

Anfíbios	उभयचर
Botânico	वानस्पतकि
Clima	जलवायु
Comunidade	समुदाय
Diversidade	ववधिता
Espécies	प्रजातयिां
Indígena	स्वदेशी
Insetos	कीड़े
Mamíferos	स्तनधारी
Musgo	काई
Natureza	प्रकृति
Nuvens	बादल
Pássaros	पक्षी
Preservação	संरक्षण
Refúgio	शरण
Respeito	आदर
Restauração	बहाली
Selva	जंगल
Sobrevivência	उत्तरजीवतिा
Valioso	मूल्यवान

Força e Gravidade
बल और गुरुत्वाकर्षण

Atrito	घर्षण
Centro	केंद्र
Descoberta	खोज
Dinâmico	गतशिील
Distância	दूरी
Eixo	अक्ष
Expansão	वस्तिार
Física	भौतकि वजि्ञान
Impacto	प्रभाव
Magnetismo	चुंबकत्व
Mecânica	यांत्रकिी
Órbita	कक्षा
Peso	वजन
Planetas	ग्रहों
Pressão	दबाव
Propriedades	गुण
Rapidez	गति
Tempo	समय
Universal	सार्वभौमकि

Frutas

फ्रूट

Abacate	एवोकाडो
Abacaxi	अनन्नास
Amora	ब्लैकबेरी
Baga	बेरी
Banana	केला
Cereja	चेरी
Coco	नारियल
Damasco	खुबानी
Figo	अंजीर
Framboesa	रसभरी
Kiwi	कीवी
Laranja	नारंगी
Limão	नींबू
Maçã	सेब
Mamão	पपीता
Manga	आम
Nectarina	शफ़तालू
Pera	नाशपाती
Pêssego	आड़ू
Uva	अंगूर

Geografia

भूगोल

Altitude	ऊंचाई
Atlas	एटलस
Cidade	शहर
Continente	महाद्वीप
Hemisfério	गोलार्ध
Ilha	द्वीप
Latitude	अक्षांश
Longitude	देशान्तर
Mapa	नक्शा
Mar	समुद्र
Meridiano	मध्याह्न
Montanha	पहाड़
Mundo	दुनिया
Norte	उत्तर
Oceano	सागर
Oeste	पश्चिम
País	देश
Rio	नदी
Sul	दक्षिण
Território	क्षेत्र

Geologia

भूविज्ञान

Ácido	एसिड
Camada	परत
Caverna	गुफा
Cálcio	कैल्शियम
Ciclos	चक्र
Continente	महाद्वीप
Coral	मूंगा
Cristais	क्रिस्टल
Erosão	कटाव
Estalactite	स्टैलेक्टिट
Fóssil	जीवाश्म
Lava	लावा
Minerais	खनिज
Pedra	पत्थर
Platô	पठार
Quartzo	क्वार्ट्ज
Sal	नमक
Terremoto	भूकंप
Vulcão	ज्वालामुखी
Zona	क्षेत्र

Geometria

ज्यामिति

Altura	ऊंचाई
Ângulo	कोण
Cálculo	गणना
Círculo	वृत्त
Curva	वक्र
Diâmetro	व्यास
Dimensão	आयाम
Equação	समीकरण
Horizontal	क्षैतिज
Lógica	तर्क
Massa	मास
Mediana	माध्य
Paralelo	समानांतर
Proporção	अनुपात
Segmento	खंड
Simetria	समरूपता
Superfície	सतह
Teoria	सिद्धांत
Triângulo	त्रिकोण
Vertical	खड़ा

Governo

सरकार

Cidadania	नागरिकता
Civil	सिविल
Constituição	संविधान
Democracia	लोकतंत्र
Discurso	भाषण
Discussão	चर्चा
Distrito	जिला
Estado	राज्य
Igualdade	समानता
Independência	आजादी
Judicial	न्यायिक
Justiça	न्याय
Lei	कानून
Liberdade	स्वतंत्रता
Líder	नेता
Monumento	स्मारक
Nacional	राष्ट्रीय
Nação	राष्ट्र
Política	राजनीति
Símbolo	प्रतीक

Herbalismo

हर्बलिज़्म

Açafrão	केसर
Alecrim	दौनी
Alho	लहसुन
Aromático	खुशबूदार
Benéfico	लाभकारी
Coentro	धनिया
Estragão	तारगोन
Flor	फूल
Funcho	सौंफ
Ingrediente	घटक
Jardim	बगीचा
Lavanda	लैवेंडर
Manjericão	तुलसी
Manjerona	कुठरा
Planta	पौधा
Qualidade	गुणवत्ता
Sabor	स्वाद
Salsa	अजमोद
Tomilho	अजवायन
Verde	हरा

Imigração
आप्रवासन

Administração	प्रशासन
Adultos	वयस्कों
Ajuda	सहायता
Aprovação	अनुमोदन
Comunicação	संचार
Crianças	बच्चे
Documentos	दस्तावेजों
Estresse	तनाव
Fronteiras	सीमाओं
Habitação	आवास
Lei	कानून
Língua	भाषा
Negociação	बातचीत
Oficial	अफ़सर
Prazo	समय सीमा
Processo	प्रक्रिया
Proteção	संरक्षण
Situação	स्थिति
Solução	समाधान

Jardim
बगीचा

Ancinho	रेक
Arbusto	बुश
Árvore	पेड़
Banco	बेंच
Cerca	बाड़
Ervas Daninhas	मातम
Flor	फूल
Garagem	गैरेज
Grama	घास
Gramado	लॉन
Jardim	बगीचा
Lagoa	तालाब
Maca	झूला
Mangueira	नली
Pá	फावड़ा
Pomar	फलोद्यान
Terraço	छत
Trampolim	ट्रेम्पोलिन
Varanda	बरामदा
Videira	बेल

Jardinagem
बागवानी

Água	पानी
Botânico	वानस्पतिक
Buquê	गुलदस्ता
Clima	जलवायु
Comestível	खाद्य
Composto	खाद
Espécies	प्रजातियां
Exótico	विदेशी
Flor	खिलना
Floral	पुष्प
Folha	पत्ता
Folhagem	पत्ते
Mangueira	नली
Pomar	फलोद्यान
Recipiente	कंटेनर
Sazonal	मौसमी
Sementes	बीज
Sujeira	गंदगी
Umidade	नमी

Jazz
जैज़

Artista	कलाकार
Álbum	एल्बम
Bateria	ड्रम
Canção	गीत
Composição	रचना
Compositor	संगीतकार
Estilo	शैली
Ênfase	ज़ोर
Famoso	प्रसिद्धि
Favoritos	पसंदीदा
Improvisação	कामचलाऊ
Influências	प्रभाव
Música	संगीत
Novo	नया
Orquestra	ऑर्केस्ट्रा
Ritmo	ताल
Solo	एकल
Talento	प्रतिभा
Técnica	तकनीक
Velho	पुराना

Literatura
साहित्य

Analogia	समानता
Análise	विश्लेषण
Anedota	किस्सा
Autor	लेखक
Biografia	जीवनी
Comparação	तुलना
Conclusão	निष्कर्ष
Descrição	विवरण
Diálogo	संवाद
Estilo	शैली
Ficção	कथा
Metáfora	रूपक
Narrador	कथावाचक
Opinião	राय
Poema	कविता
Rima	तुक
Ritmo	ताल
Romance	उपन्यास
Tema	विषय
Tragédia	त्रासदी

Livros
पुस्तकें

Autor	लेखक
Aventura	साहसिक
Coleção	संग्रह
Contexto	संदर्भ
Dualidade	द्वंद्व
Escrito	लिखित
Épico	महाकाव्य
História	कहानी
Histórico	ऐतिहासिक
Inventivo	आविष्कारशील
Leitor	पाठक
Literário	साहित्यिक
Narrador	कथावाचक
Página	पृष्ठ
Personagem	चरित्र
Poema	कविता
Relevante	प्रासंगिक
Romance	उपन्यास
Série	शृंखला
Trágico	दुखद

Mamíferos
स्तनधारी

Baleia	व्हेल
Camelo	ऊँट
Canguru	कंगारू
Castor	ऊदबिलाव
Cavalo	घोड़ा
Cão	कुत्ता
Coelho	खरगोश
Coiote	कोयोट
Elefante	हाथी
Gato	बिल्ली
Girafa	जिराफ़
Golfinho	डॉल्फिन
Gorila	गोरिल्ला
Leão	शेर
Lobo	भेड़िया
Macaco	बंदर
Ovelha	भेड़
Raposa	लोमड़ी
Touro	बुल
Zebra	ज़ेबरा

Matemática
गणित

Aritmética	अंकगणित
Ângulos	कोण
Circunferência	परिधि
Decimal	दशमलव
Diâmetro	व्यास
Equação	समीकरण
Expoente	प्रतिपादक
Fração	अंश
Geometria	ज्यामिति
Números	संख्याएँ
Paralelo	समानांतर
Perpendicular	सीधा
Polígono	बहुभुज
Quadrado	वर्ग
Raio	त्रिज्या
Retângulo	आयत
Simetria	समरूपता
Soma	योग
Triângulo	त्रिकोण
Volume	आयतन

Material de Arte
कला की आपूर्ति

Acrílico	एक्रिलिक
Apagador	रबड़
Aquarelas	जल रंग
Argila	मिट्टी
Água	पानी
Cadeira	कुर्सी
Cavalete	चित्रफलक
Câmera	कैमरा
Cola	गोंद
Cores	रंग
Criatividade	रचनात्मकता
Escovas	ब्रश
Lápis	पेंसिल
Mesa	टेबल
Óleo	तेल
Papel	कागज
Pastels	पेस्टल
Tinta	स्याही
Tintas	पेंट

Medições
मापन

Altura	ऊंचाई
Byte	बाइट
Centímetro	सेंटीमीटर
Comprimento	लंबाई
Decimal	दशमलव
Grama	ग्राम
Grau	डिग्री
Largura	चौड़ाई
Litro	लीटर
Massa	मास
Metro	मीटर
Minuto	मिनट
Onça	औंस
Peso	वजन
Polegada	इंच
Profundidade	गहराई
Quilograma	किलोग्राम
Quilômetro	किलोमीटर
Tonelada	टन
Volume	आयतन

Meditação
ध्यान

Aceitação	स्वीकृति
Acordado	जाग
Atenção	ध्यान
Bondade	दयालुता
Clareza	स्पष्टता
Compaixão	दया
Emoções	भावनाएँ
Gratidão	कृतज्ञता
Hábitos	आदतें
Mental	मानसिक
Mente	मन
Movimento	गति
Música	संगीत
Natureza	प्रकृति
Observação	अवलोकन
Paz	शांति
Pensamentos	विचार
Perspectiva	परिप्रेक्ष्य
Postura	आसन
Silêncio	मौन

Mitologia
पौराणिक कथाएं

Arquétipo	मूलरूप आदर्श
Ciúmes	ईर्ष्या
Comportamento	व्यवहार
Criação	सृजन
Criatura	जंतु
Cultura	संस्कृति
Desastre	आपदा
Força	ताकत
Guerreiro	योद्धा
Heroína	नायिका
Herói	नायक
Imortalidade	अमरता
Labirinto	भूलभुलैया
Lenda	दंतकथा
Mágico	जादुई
Monstro	राक्षस
Mortal	नश्वर
Relâmpago	बिजली
Trovão	गरज
Vingança	बदला

Moda
पहनावा

Acessível	सस्ती
Bordado	कढ़ाई
Botões	बटन
Boutique	बुटीक
Caro	महंगा
Confortável	आरामदायक
Elegante	सुरुचपूिर्ण
Estilo	शैली
Medidas	माप
Minimalista	न्यूनतम
Moderno	आधुनकि
Modesto	मामूली
Original	मूल
Prático	व्यावहारकि
Renda	फीता
Simples	सरल
Tecido	कपड़े
Tendência	ट्रेंड
Textura	बनावट

Música
संगीत

Álbum	एल्बम
Balada	गाथागीत
Cantar	गाना
Cantor	गायक
Clássico	शास्त्रीय
Coro	कोरस
Gravação	रकिॉर्डगि
Harmonia	सद्भाव
Improvisar	सुधार
Instrumento	साधन
Lírico	गीतात्मक
Melodia	राग
Microfone	माइक्रोफोन
Musical	संगीत
Músico	संगीतकार
Ópera	ओपेरा
Poético	काव्यात्मक
Ritmo	ताल
Tempo	गति
Vocal	स्वर

Natureza
प्रकृति

Abelhas	मधुमक्खियों
Abrigo	आश्रय
Animais	जानवरों
Ártico	आर्कटकि
Beleza	सुंदरता
Deserto	रेगिस्तान
Dinâmico	गतशिील
Erosão	कटाव
Floresta	वन
Folhagem	पत्ते
Geleira	ग्लेशियर
Nevoeiro	कोहरा
Nuvens	बादल
Pacífico	शांतपूिर्ण
Rio	नदी
Santuário	अभयारण्य
Selvagem	जंगली
Sereno	निर्मल
Tropical	उष्णकटबिंधीय
Vital	महत्वपूर्ण

Negócios
व्यापार

Carreira	कैरियर
Custo	लागत
Desconto	छूट
Dinheiro	पैसा
Economia	अर्थशास्त्र
Empregado	कर्मचारी
Empregador	नियोक्ता
Empresa	कंपनी
Escritório	कार्यालय
Fábrica	फैक्टरी
Finança	वित्ति
Impostos	करों
Investimento	नविश
Loja	दुकान
Lucro	लाभ
Mercadoria	माल
Moeda	मुद्रा
Orçamento	बजट
Rendimento	आय
Venda	बक्रिी

Nutrição
पोषाहार

Amargo	कड़वा
Apetite	भूख
Calorias	कैलोरी
Comestível	खाद्य
Dieta	आहार
Digestão	पाचन
Equilibrado	संतुलति
Fermentação	कण्विन
Ingredientes	सामग्री
Líquidos	तरल पदार्थ
Molho	चटनी
Nutriente	पुष्टकिर
Peso	वजन
Proteínas	प्रोटीन
Qualidade	गुणवत्ता
Sabor	स्वाद
Saudável	स्वस्थ
Saúde	स्वास्थ्य
Toxina	वषि
Vitamina	वटिामनि

Números
संख्याएँ

Cinco	पांच
Decimal	दशमलव
Dez	दस
Dezesseis	सोलह
Dezessete	सत्रह
Dezoito	अठारह
Dois	दो
Doze	बारह
Nove	नौ
Oito	आठ
Quatorze	चौदह
Quatro	चार
Quinze	पंद्रह
Seis	छह
Sete	सात
Treze	तेरह
Três	तीन
Um	एक
Vinte	बीस
Zero	शून्य

Oceano
सागर

Alga	शैवाल
Atum	टूना
Baleia	व्हेल
Barco	नाव
Camarão	झींगा
Caranguejo	केकड़ा
Coral	मूंगा
Esponja	स्पंज
Golfinho	डॉल्फ़िन
Marés	ज्वार
Medusa	जेलफ़िश
Ondas	लहरें
Ostra	सीप
Peixe	मछली
Polvo	ऑक्टोपस
Recife	चट्टान
Sal	नमक
Tartaruga	कछुआ
Tempestade	आंधी
Tubarão	शार्क

Paisagens
लैंडस्केप

Cascata	झरना
Caverna	गुफा
Colina	पहाड़ी
Deserto	रेगिस्तान
Geleira	ग्लेशियर
Golfo	खाड़ी
Iceberg	हिमखंड
Ilha	द्वीप
Lago	झील
Mar	समुद्र
Montanha	पहाड़
Oásis	मरूद्यान
Oceano	सागर
Pântano	दलदल
Península	प्रायद्वीप
Praia	समुद्र तट
Rio	नदी
Tundra	टुंड्रा
Vale	घाटी
Vulcão	ज्वालामुखी

Países #1
देशों #1

Alemanha	जर्मनी
Brasil	ब्राज़ील
Camboja	कंबोडिया
Canadá	कनाडा
Egito	मिस्र
Equador	इक्वेडोर
Espanha	स्पेन
Finlândia	फ़िनलैंड
Iraque	इराक
Israel	इजराइल
Itália	इटली
Índia	भारत
Mali	माली
Marrocos	मोरक्को
Nicarágua	निकारागुआ
Noruega	नॉर्वे
Panamá	पनामा
Polônia	पोलैंड
Senegal	सेनेगल
Venezuela	वेनेज़ुएला

Países #2
देशों #2

Albânia	अल्बानिया
Dinamarca	डेनमार्क
França	फ्रांस
Grécia	यूनान
Haiti	हैती
Indonésia	इंडोनेशिया
Irlanda	आयरलैंड
Jamaica	जमैका
Japão	जापान
Laos	लाओस
Líbano	लेबनान
México	मेक्सिको
Nepal	नेपाल
Nigéria	नाइजीरिया
Paquistão	पाकिस्तान
Rússia	रूस
Síria	सीरिया
Somália	सोमालिया
Ucrânia	यूक्रेन
Uganda	युगांडा

Pássaros
पक्षियों

Avestruz	शुतुरमुर्ग
Águia	ईगल
Cegonha	सारस
Cisne	हंस
Corvo	कौआ
Cuco	कोयल
Falcão	बाज़
Flamingo	राजहंस
Frango	चिकन
Gaivota	मूर्ख मनुष्य
Garça	बगुला
Ovo	अंडा
Papagaio	तोता
Pardal	गौरैया
Pato	बतख
Pavão	मोर
Pelicano	हवासील
Pinguim	पेंगुइन
Pombo	कबूतर
Tucano	टूकेन

Pesca
फ़िशिंग

Água	पानी
Barbatanas	पंख
Barco	नाव
Brânquias	गलफड़े
Cesta	टोकरी
Cozinhar	रसोइया
Equipamento	उपकरण
Exagero	अतिशयोक्ति
Fio	तार
Gancho	हुक
Isca	चारा
Lago	झील
Mandíbula	जबड़ा
Oceano	सागर
Paciência	धैर्य
Peso	वजन
Praia	समुद्र तट
Rio	नदी
Temporada	ऋतु

Plantas
पौधे

Arbusto	बुश
Árvore	पेड़
Baga	बेरी
Bambu	बांस
Cacto	कैक्टस
Erva	जड़ी बूटी
Feijão	सेम
Fertilizante	उर्वरक
Flor	फूल
Floresta	वन
Folha	पत्ता
Folhagem	पत्ते
Grama	घास
Hera	आइवी
Jardim	बगीचा
Musgo	काई
Pétala	पत्ती
Raiz	जड़
Sol	सूर्य
Vegetação	वनस्पति

Profissões #1
व्यवसाय #1

Advogado	वकील
Artista	कलाकार
Astrônomo	खगोल वज्ञिानी
Banqueiro	बैंकर
Bombeiro	फायर फाइटर
Caçador	शकिारी
Cartógrafo	मानचत्रिकार
Cientista	वैज्ञानकि
Dançarino	नर्तकी
Editor	संपादक
Embaixador	राजदूत
Encanador	नलसाज़
Enfermeira	नर्स
Geólogo	भूवज्ञिानी
Joalheiro	जौहरी
Marinheiro	नावकि
Músico	संगीतकार
Pianista	पयिानोवादक
Psicólogo	मनोवैज्ञानकि
Veterinário	पशु चकित्सिक

Profissões #2
व्यवसाय #2

Agricultor	कसिान
Bibliotecário	लाइब्रेरयिन
Biólogo	जीववज्ञिानी
Cirurgião	सर्जन
Dentista	दंत चकित्सिक
Detetive	जासूस
Engenheiro	इंजीनयिर
Filósofo	दार्शनकि
Fotógrafo	फोटोग्राफर
Ilustrador	इलस्ट्रेटर
Inventor	आवष्किारक
Investigador	शोधकर्ता
Jardineiro	माली
Jornalista	पत्रकार
Linguista	बहुभाषी
Médico	चकित्सिक
Piloto	पायलट
Pintor	चत्रिकार
Professor	शक्षिक
Zoólogo	जूलॉजस्टि

Psicologia
मनोवज्ञिान

Avaliação	मूल्यांकन
Clínico	नैदानकि
Comportamento	व्यवहार
Compromisso	नयिुक्ति
Conflito	संघर्ष
Ego	अहंकार
Emoções	भावनाएँ
Experiências	अनुभव
Inconsciente	बेहोश
Infância	बचपन
Influências	प्रभाव
Pensamentos	वचिार
Percepção	अनुभूति
Personalidade	व्यक्तत्वि
Problema	संकट
Realidade	वास्तवकिता
Sensação	सनसनी
Sonhos	सपने
Terapia	चकित्सिा

Química
रसायन वज्ञिान

Alcalino	क्षारीय
Ácido	एसडि
Calor	गर्मी
Carbono	कार्बन
Catalisador	उत्प्रेरक
Cloro	क्लोरीन
Elementos	तत्वों
Elétron	इलेक्ट्रॉन
Enzima	एंजाइम
Gás	गैस
Hidrogênio	हाइड्रोजन
Íon	आयन
Líquido	तरल
Molécula	अणु
Nuclear	नाभकिीय
Orgânico	कार्बनकि
Oxigénio	ऑक्सीजन
Peso	वजन
Sal	नमक
Temperatura	तापमान

Restaurante # 2
रेस्टोरेंट #2

Almoço	दोपहर का भोजन
Aperitivo	क्षुधावर्धक
Água	पानी
Bebida	पेय
Bolo	केक
Cadeira	कुर्सी
Colher	चम्मच
Delicioso	स्वादष्टि
Especiarias	मसाले
Fruta	फल
Garçom	वेटर
Garfo	कांटा
Gelo	बर्फ
Jantar	रात का खाना
Legumes	सब्जयिां
Macarrão	नूडल्स
Peixe	मछली
Sal	नमक
Salada	सलाद
Sopa	सूप

Roupas
कपडे

Avental	एप्रन
Blusa	ब्लाउज
Calça	पैंट
Camisa	कमीज
Casaco	कोट
Chapéu	टोपी
Cinto	बेल्ट
Colar	हार
Jaqueta	जैकेट
Jeans	जीन्स
Luvas	दस्ताने
Meias	मोजे
Moda	फैशन
Pijama	पाजामा
Pulseira	कंगन
Saia	स्कर्ट
Sandálias	सैंडल
Sapato	जूता
Suéter	स्वेटर
Vestido	पोशाक

Saúde e Bem-Estar #1
स्वास्थ्य और कल्याण #1

Altura	ऊंचाई
Ativo	सक्रयि
Bactérias	बैक्टीरयिा
Clínica	क्लनिकि
Doutor	चकित्सिक
Farmácia	फार्मेसी
Fome	भूख
Fratura	भंग
Hábito	आदत
Hormones	हार्मोन
Medicina	दवा
Nervos	नसों
Ossos	हड्डयिों
Pele	त्वचा
Postura	आसन
Reflexo	पलटा
Relaxamento	वश्रिाम
Terapia	चकित्सिा
Tratamento	उपचार
Vírus	वाइरस

Saúde e Bem-Estar #2
स्वास्थ्य और कल्याण #2

Alergia	एलर्जी
Anatomia	शरीर रचना
Apetite	भूख
Caloria	कैलोरी
Corpo	शरीर
Dieta	आहार
Digestão	पाचन
Doença	रोग
Energia	ऊर्जा
Genética	आनुवंशकिी
Higiene	स्वच्छता
Hospital	अस्पताल
Humor	मनोदशा
Infecção	संक्रमण
Massagem	मालशि
Peso	वजन
Recuperação	वसूली
Sangue	रक्त
Saudável	स्वस्थ
Vitamina	वटिामनि

Tecnologia
प्रौद्योगकिी

Arquivo	फ़ाइल
Blog	ब्लॉग
Bytes	बाइट्स
Câmera	कैमरा
Computador	संगणक
Cursor	कर्सर
Dados	डेटा
Digital	डजिटिल
Estatísticas	सांख्यकिी
Fonte	फॉन्ट
Internet	इंटरनेट
Mensagem	संदेश
Navegador	ब्राउज़र
Pesquisa	अनुसंधान
Segurança	सुरक्षा
Software	सॉफ़्टवेयर
Tela	स्क्रीन
Virtual	आभासी
Vírus	वाइरस

Tempo
टाइम

Agora	अब
Ano	वर्ष
Antes	इससे पहले
Anual	वार्षकि
Calendário	कैलेंडर
Década	दशक
Dia	दनि
Futuro	भवष्यि
Hoje	आज
Hora	घंटा
Manhã	सुबह
Meio-Dia	दोपहर
Mês	महीना
Minuto	मनिट
Momento	पल
Noite	रात
Ontem	कल
Relógio	घड़ी
Semana	सप्ताह
Século	सदी

Tipos de Cabelo
बालों के प्रकार

Branco	सफेद
Brilhante	चमकदार
Cachos	कर्ल
Careca	गंजा
Cinza	धूसर
Colori	रंगीन
Curto	कम
Encaracolado	घुंघराले
Fino	पतला
Grosso	मोटा
Loiro	गोरा
Longo	लंबा
Marrom	भूरा
Ondulado	लहराती
Prata	चाँदी
Preto	काला
Saudável	स्वस्थ
Seco	सूखा
Suave	नरम
Trançado	लट

Universo
यूनविर्स

Asteróide	क्षुद्रग्रह
Astronomia	खगोल वज्ञिान
Astrônomo	खगोल वज्ञिानी
Atmosfera	वायुमंडल
Celestial	आकाशीय
Céu	आकाश
Cósmico	लौककि
Equador	भूमध्य रेखा
Galáxia	आकाशगंगा
Hemisfério	गोलार्ध
Horizonte	क्षतिजि
Latitude	अक्षांश
Longitude	देशान्तर
Lua	चाँद
Órbita	कक्षा
Solar	सौर
Solstício	संक्रांति
Telescópio	दूरबीन
Visível	दृश्यमान
Zodíaco	राशि

Vegetais
सब्जयिां

Abóbora	कद्दू
Aipo	अजवाइन
Alcachofra	हाथी चक
Alho	लहसुन
Batata	आलू
Beringela	बैंगन
Brócolis	ब्रोकोली
Cebola	प्याज
Cenoura	गाजर
Cogumelo	मशरूम
Couve-Flor	फूलगोभी
Ervilha	मटर
Espinafre	पालक
Gengibre	अदरक
Nabo	शलजम
Pepino	खीरा
Rabanete	मूली
Salada	सलाद
Salsa	अजमोद
Tomate	टमाटर

Veículos
वाहन

Ambulância	रोगी वाहन
Avião	वमिान
Balsa	नौका
Barco	नाव
Bicicleta	साइकलि
Caminhão	ट्रक
Caravana	कारवां
Carro	कार
Foguete	रॉकेट
Helicóptero	हेलीकॉप्टर
Jangada	बेड़ा
Lambreta	स्कूटर
Metrô	भूमगित मार्ग
Motor	मोटर
Ônibus	बस
Pneus	टायर
Submarino	पनडुब्बी
Táxi	टैक्सी
Transporte	शटल
Trator	ट्रैक्टर

Xadrez
शतरंज

Branco	सफेद
Campeão	चैंपयिन
Concurso	प्रतयिोगता
Desafios	चुनौतयिों
Diagonal	वकिर्ण
Estratégia	रणनीति
Jogador	खलिाड़ी
Jogo	खेल
Oponente	वरिोधी
Passivo	नष्क्रयि
Pontos	अंक
Preto	काला
Rainha	रानी
Regras	नयिम
Rei	राजा
Sacrifício	बलदिान
Tempo	समय
Torneio	टूर्नामेंट

Parabéns

Conseguiu!

Esperamos que tenha gostado tanto deste livro como nós gostamos de o desenhar. Esforçamo-nos por criar livros da mais alta qualidade possível.
Esta edição foi concebida para proporcionar uma aprendizagem inteligente, de qualidade e divertida!

Gostou deste livro?

Um simples pedido

Estes livros existem graças às críticas que publica.
Pode ajudar-nos, deixando agora uma revisão?

Aqui está um pequeno link para
a sua página de revisão:

BestBooksActivity.com/Avaliacoes50

DESAFIO FINAL!

Desafio n° 1

Está pronto para o seu jogo grátis? Usamo-los a toda a hora, mas não são tão fáceis de encontrar - aqui estão os Sinônimos!
Escreva 5 palavras que encontrou nos puzzles (n° 21, n° 36, n° 76) e tente encontrar 2 sinónimos para cada palavra.

*Escreva 5 palavras de **Puzzle 21***

Palavras	Sinônimo 1	Sinônimo 2

*Escreva 5 palavras de **Puzzle 36***

Palavras	Sinônimo 1	Sinônimo 2

*Escreva 5 palavras de **Puzzle 76***

Palavras	Sinônimo 1	Sinônimo 2

Desafio n° 2

Agora que já aqueceu, escreva 5 palavras que encontrou nos Puzzles (n° 9, n° 17 e n° 25) e tente encontrar 2 antônimos para cada palavra. Quantos se podem encontrar em 20 minutos?

Escreva 5 palavras de ***Puzzle 9***

Palavras	Antônimo 1	Antônimo 2

Escreva 5 palavras de ***Puzzle 17***

Palavras	Antônimo 1	Antônimo 2

Escreva 5 palavras de ***Puzzle 25***

Palavras	Antônimo 1	Antônimo 2

Desafio n° 3

Óptimo! Este desafio final  não é nada para si.

Pronto para o desafio final? Escolha 10 palavras que tenha descoberto nos diferentes puzzles e escreva-as abaixo.

1.	6.
2.	7.
3.	8.
4.	9.
5.	10.

Agora escreva um texto a pensar numa pessoa, num animal ou num lugar de seu agrado.

Pode utilizar a última página deste livro como um rascunho.

A Sua Composição:

CADERNO DE NOTAS:

ATÉ BREVE!

A equipa Inteira